★ 作りかたはひとつじゃない　　　120ページ
★ 4コマまんが　　　19・83・94・95ページ
★ さくいん　　　123ページ

ねじねじリース
20ページ

ジグザグリース
24ページ

重ねるツリー
32ページ

手乗りトナカイ
54ページ

手乗りツリー
57ページ

サンタのお面
60ページ

クリスマスケーキ
76ページ

ソリに乗ったサンタ
84ページ

ラウンドのツリー
96ページ

着ぐるみ雪だるま
112ページ

着ぐるみサンタ
114ページ

着ぐるみツリー
116ページ

定規ついてます

表紙カバーの裏を見てください。「風船定規」があります。ツイストバルーンを上にのせてひねると、正確な大きさで作品を作ることができます。水玉の所は輪ひねりのシルエットです。この上で輪ひねりを作ると大きさがとてもよくわかります。

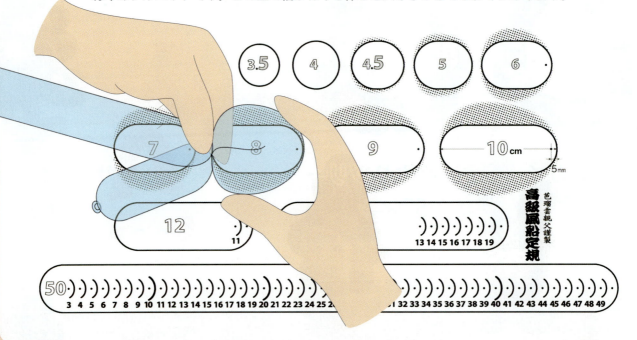

DVD ついてます

作品全部の作り方が入っているDVDがついてます。この本の作者バルーンおやじ＆Rioが作って解説しています。作るときに注意した方がいい事は、プレートを持った「ミカちゃん」や、サンタも出て来てていねいに教えてくれますから安心して挑戦できます。
最後の作品、着ぐるみツリーを見終わって、しばらくそのままにしていると・・・
楽しいおまけが出てきます。

ミカちゃん

ぜんぶがそろう

壁や天井のかざり、お面や帽子、ツリーにリース、雪だるま・サンタ・ツリーの着ぐるみまで、これ一冊でクリスマスの全部がそろっちゃいます。たとえば、ツリーは180cmから17cmまで8種類あって、欲しい大きさが選べます。

くふうもたのしい

色をかえるだけ、付ける飾りをかえるだけで、印象ががらっと変わります。この本では作品ごとに応用例もいろいろ紹介しています。ご自分流の飾りや工夫で、ワクワクする作品を作りましょう。

ひねりかたの説明

ピンチツイスト

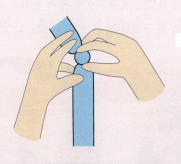

片手でつぶしながら、やわらかいボールをひねります。ひねる回数は4回から5回ぐらい、しっかりひねりましょう。

ボールの所で折り曲げて指をかけやすくします。ひねり目の片方には親指、もう片方には人差し指と中指を置き、指先に力を入れてつまみます。

ボールを引き上げながら2回〜3回回転させます。するとソラマメのような形のピンチツイストができます。

輪ひねり

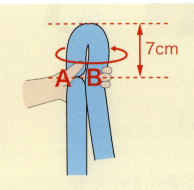

この本では、輪ひねりの大きさを折り曲げた長さで表しています。たとえば左の図のように、Aのひねり目から7cmの所で折り曲げ、折り返したBとひねり目(A)を一緒にひねり合わせると「7cmの輪ひねり」ができます。

端のとめかた

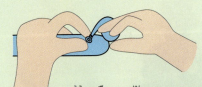
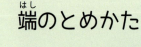

上の図は、端にボールを1つひねった時のとめ方です。結び目をぐいっと引っ張りながらひねり目にからめ、裏側まで持っていくと小さな穴ができます。その穴から結び目を手前に引き出します。結び目が穴に引っかかる形でとまります。
ボール2つをまとめてひねった時は、ボールとボールの間から結び目を引き出してとめます。

ひねりかたの説明

くさり編み

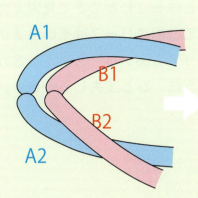
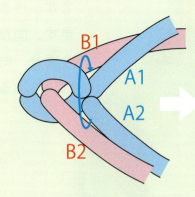
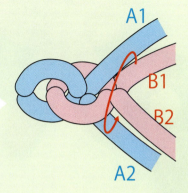

2本を結び合わせたものを2組作り、片方をはさみます。一緒にひねり合わせないように。

A1とA2をひねり合わせます。B1とB2は、包まれるだけです。この時点では引っ張り出すことも可能です。

次はB1とB2をひねり合わせます。A1とA2はそのまま放置です。Aどうしのひねり目とBどうしのひねり目は必ずズレています。このくりかえしで、くさりを作ります。

はしご編み

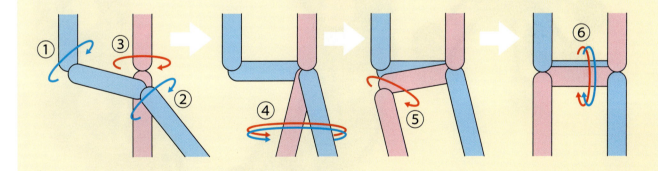

青を縦方向に向かってひねってから横方向(左から右)に向かって1つひねります。赤は青を受け止めるために縦方向にひねります。

ここで2本を合体します。

赤を横方向(右から左)に1つひねり青に重ねます。

重なった赤と青をまとめて回転させます。見事に合体。このくりかえしで縦方向にのばしていくと、はしごができます。

三つ編み（みあ）リース 70cm

横幅が45cmから48cmある、大きいリースです。ささっと作ることができて見栄えがします。向かって左側のリースはそのままの三つ編み、向かって右側のリースは編み方がきれいに出るように、ひと工夫しています。

9ページ

12ページ

三つ編みリース1

三つ編みリース1

1

作例の材料
リース‥‥‥濃緑6本。
リボン‥‥‥赤1本。
ボールの飾り‥‥‥黄色・銀色1本ずつ。
作例にこだわらずお好みの色でどうぞ。

2 全部10cm残す

濃緑を10cm残してふくらませ、結びます。6本とも同じ長さでふくらませます。

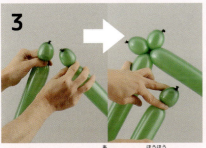

3

ていねいにひねり合わせる方法です。それぞれ4cmひねり、2本を合わせてひねります。もう1本も4cmひねり、最初の2本と合わせます。ボールの大きさがそろってきれいにできます。

4

ここから三つ編みを作っていきます。

5

外側の1本を真ん中の上に重ね、反対側の1本をその上に重ね、常に左右の外側から重ねて編んでいきます。

6 残り7cm

残り7cmの所まで編んだら、

7

3本をまとめてひねり合わせます。

8

同じ物をもう1つ作り、ボールの部分をひねり合わせます。

9

三つ編みリース１

９
編み終わりの部分もひねり合わせます。ひねり合わせただけではつぶれた形です。ふっくらきれいな円にしていきましょう。

１０
まず、ひとかたまりになっているボールを、いくつかリースの内側や裏側に動かします。

１１
両手で広げていきます。全体の形が整うように、持つ所をずらして何度も広げましょう。

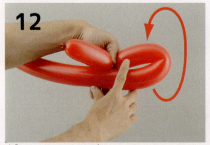
１２
飾りのリボンを作ります。ねじねじリースに付けるリボンと同じです。赤を10cm残してふくらませ結びます。まず12cmでひねり、次に12cmで折り曲げて輪ひねりにします。

１３
12cmで折り曲げ、もう１つ輪ひねりを作ります。

１４
少しつぶしながら、やわらかく4cmのボールを作り、

１５
それをピンチツイストにします。

１６
12cmでひねり、残りはしぼませて結び、余分は切ります。口巻きもカットしてすっきりしたリボンにしましょう。

１７
リースのボールを１つ選び、その結び目をリボンのピンチツイストにからめて取り付けます。

三つ編みリース1

18 リボンの位置を調整して、真っ直ぐ前向きに付くように形を整えます。

19 リース下の部分を加工します。まず半分にひねり、

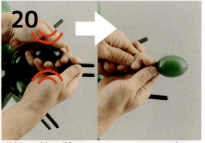

20 先端に近い方のボールを、ひと息に握りつぶして空気を移動させます。もう片方の手で途中を軽く押さえておくとうまく先端まで行きます。できない時は、少しずつ移動させましょう。

21 ふくらんだすぐそばをねじって押さえ、空気の逆流をふせぎながら先端を強くつぶします。この部分のゴムが弱くなって中の空気がその場で安定します。

22 リースとリボンができました。このまま飾っても素敵ですし、風船以外の飾りを付けても楽しいです。

23 飾りのボールの作り方です。銀色を3cmふくらませ、両端を引き寄せて固結びします。余分は切り取ります。

24 他の色でも同じようにボールを作ります。

25 セロテープの粘着面を外側にして丸くしたものを貼り付けたり、両面テープを使ったりして、

26 リースにボールを付けます。完成です。

三つ編みリース２

1 同じ三つ編みのリースですが、編み方を変えたバージョンです。濃緑を6本、10cm残してふくらませて結びます。4cmのボールで3本をまとめます。

2 3本を三つ編みにします。この時に、半円を描くように外（右側）を極端に長く、内（左側）を短く編みます。

3 どんどん曲がって編めていきます。一番短い残りが7cmぐらいになったら、3本をひねり合わせます。

4 残りの3本でも同じように、外（今回は左側）を長く、内（右側）を短くして編みます。先に編んだ半円と左右対称になるように編みましょう。

5 両端を持って、ぐいっぐいっと、曲げぐせをつけ、きれいな半円になるように形を整えます。

6 2本とも形を整えたら、

7 編み始めのボールの部分をひねり合わせます。

8 編み終わりの部分もひねり合わせます。ふくらんでいる部分が長い1本を選び、4cmひねってしぼませます。

三つ編みリース2

9 結び目を作り、リースの内側でつなぎ目の所に埋め込むようにします。

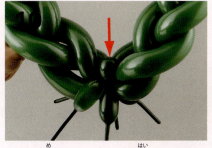
10 つなぎ目に1つボールが入ることで、内側がひろがり、とがっていたリースの下部分がきれいな曲線になります。

11 ほかの残りは半分にひねり、

12 先端に近い方のボールを一気につぶして、空気を移動させます。うまくいかない時は少しずつ動かしましょう。

13 リースの上部分、ボールをひねり合わせた所は、ボールをいくつかリースの内側や裏側に動かして、全体がきれいな円になるようにします。

14 10ページの解説12から17と同じ作業でリボンを付けます。

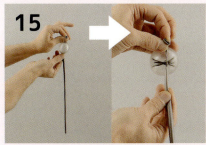
15 11ページの手順23と同じ作業でカラフルなボールを作り、

16 セロテープの粘着面を外側にして丸くしたものや、両面テープを使ってリースのあちこちに貼り付けます。

17 全体の形を整えて完成です。

細三つ編みリース 40cm

三つ編みリースを、160という細い風船で作りました。結び目を編み目の裏に隠してあるので、ぱっと見た時に不思議な感じがします。
3本のうち2本は輪にしてから編むというマニアックな作り方をします。上級者向けの作品です。

3色のリースができたら、こちらの3本とも同じ色で作るリースにも挑戦してみましょう。
3色で作るよりもっとむずかしくなりますが、うまくできたときに「やったー!!」と嬉しくなっちゃいます。

細三つ編みリース

1 材料
160 ツイストバルーン
赤・濃緑・黄緑1本ずつ。

2 濃緑と黄緑は2cm残してふくらませ、輪にして結び合わせます。赤は2cm残してふくらませ結びます。赤は輪にせず、長いままで使います。

3 濃緑と黄緑は結び目の位置を5cmずらします。赤は結び目から5cmの所で、濃緑の結び目と重ねます。赤と黄緑は濃緑の結び目に合わせた所で軽くつまみ、

（黄緑はここでつまむ／赤もここでつまむ）

4 濃緑の結び目に軽くはめ込む形で、3本を仮留めします。これらは後でほどきますので、本格的にひねり合わせてはいけません。ここから三つ編みを始めます。

（赤と黄緑を薄緑の結び目にはめ込んで仮留め）

5 濃緑と黄緑の輪は入れ替えるように、赤は編んだ残りの部分がからみやすいので、それをほどきながら、三つ編みにしていきます。

6 赤がギリギリになるまで編んだら、編み目がほどけないようにいったん押さえ、

7 最初に仮留めした所をほどきます。色の重なり方(赤は何色の上で何色の下か)を観察し、三つ編みとしてつじつまが合う場所で、赤の両端を結びます。

8 編み目がスカスカな所と、みっしりしている所とがあります。

9 全体が均一になるように、また、結び目が裏側に隠れるように、編み目を少しずつずらして形を整えます。完成です。

束ねリース 32cm

緑の3本を、赤い飾りで束ねているように見えるリースです。赤がひいらぎの実のように見えてかわいいです。
3本をいっぺんにひねり合わせてしまうと、ほどけやすいので、先に2本をひねってから残りの1本をはさむ方法で作っていきます。繰り返しの作業が多くなりますが、根気よく作ってください。

束ねリース

1 材料
濃緑3本。赤5本。

2 リースの土台を作ります。濃緑は3本とも12cm残してふくらませ結びます。口巻き側で3本とも固結びします。

3 まず、2本を8cmでひねり合わせます。ひねった残りをA・Bとします。

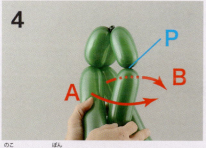

4 残りの1本も8cmでひねります。そのひねり目（P）を真ん中にはさんで、

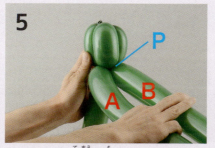

5 AとBを、手前に持ってきます。

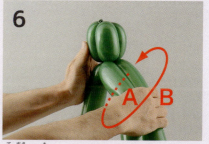

6 手前に持ってきたAとBをひねり合わせます。ひねり合わせるのはABの2本だけです。3本まとめてひねらないように注意しましょう。

7 ひねる本数を分け、複数回ひねることで、ほどけにくい状態になります。1段目ができました。

8 次も同じ手順で作ります。2本（どの2本でもいいです）を8cmでひねり合わせます。その2本で残りの1本（8cmでひねる）をはさんで、

9 手前に持ってきてひねり合わせます。2段目ができました。

17

束ねリース

10 全部で9段作ったら、残りはしぼませます。ここはきっちり9段でなくても、たとえば8段・7段でも大丈夫です。楽な気持ちで作りましょう。

11 端を結び合わせます。ここで余分は切り取らず、

12 最初に結び合わせた所にくぐらせてから結び合わせます。

13 リースの土台ができました。結び目が目立っていても、この後に取り付ける赤で隠れるので問題ありません。

14 飾りのボールを作ります。赤を15cmの長さにふくらませて結びます。3cmのボールを4つひねり、

15 リースのくびれに巻いて1周させます。赤の口巻きを最後のひねり目にからめて仮留めし、

16 残りをしぼませてから、固結びします。余分は切り取ります。

17 赤の結び目は、リースの裏側にくるようにそろえましょう。赤の残りを使って別のくびれに取り付けます。1本で2箇所に付けますが、うまくできない時は赤を増やします。

18 全部のひねり目に赤を結び付け、全体の形を整えて完成です。

ふうせんそうだん（1）

ふうせんそうだん（2）

ねじねじリース 45cm

3本がねじねじしているリースです。先に2本をねじり合わせておき、すき間にもう1本を埋め込んでいきます。
コツをつかめば、とても簡単に形のきれいなリースができます。幅広の布リボンなどの異素材で飾ると、また違った印象になります。

ねじねじリース

1

材料
リース……濃緑2本。黄緑1本。
飾り1……赤1本。白・銀色2本ずつ。
飾り2……モール、布のリボン。

2

リースの土台を作ります。濃緑2本と黄緑1本を先端までふくらませ、空気を少し抜きやわらかくしてから結びます。

3

4cmのボールで3本をまとめます。

4

黄緑はそのままにしておき、濃緑2本を、縄をなうようにねじり合わせていきます。両手で2本を押しつけ合うように作っていくときれいにできます。

5

先端近くまでねじり合わせたら、先端に4cmのボールを作って、2本をひねり合わせます。

6

ねじりのスカスカな所がないように、全体が均一にねじられた状態になるように整えます。

7

濃緑のすき間に黄緑を埋め込みながら巻いていきます。黄緑を少し引っ張りながら押し込むときれいにできます。

8

先端近くまで巻いたらいったん押さえ、

9

4cmのボールを作って、濃緑とひねり合わせます。

21

ねじねじリース

10 両端を寄せて、全部のボールをひねり合わせます。

11 ひねり合わせた所はとがった形になります。なめらかなカーブになるように、ボールをいくつか内側にずらして形を整えます。

12 ねじれがゆるい所があったら、少しずつ動かしてねじっていきます。また、輪を外側に広げるようにしてくせをつけ、全体をきれいな円にします。リースの土台ができました。

13 飾りのリボンを作ります。三つ編みリースに付けるリボンと同じです。赤を10cm残してふくらませ結びます。まず12cmでひねり、次に12cmで折り曲げて輪ひねりにします。

14 12cmで折り曲げて、

15 もう1つ輪ひねりを作ります。

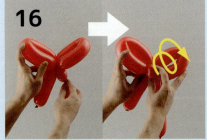

16 少しつぶしながら、やわらかい4cmのボールを作り、それをピンチツイストにします。

17 12cmでひねり、残りはしぼませて結び、余分は切ります。口巻きもカットしてすっきりしたリボンにしましょう。

18 リースのボールを1つ選び、ボールの結び目をリボンのピンチツイストにからめて取り付けます。リボンが正面を向くように動かして形を整えます。

ねじねじリース

19 飾りのボールを作ります。白を3cmふくらませて結びます。両端を引き寄せて固結びします。長い余分は切ります。

20 切り取った残りを使って同じ物を作ります。銀色でも同じようにボールを作り、

21 両面テープやセロテープを使って、リースにボールを貼り付けます。完成です。

22 モールや布のリボンで飾っても素敵です。ここからは上の写真の飾り方を説明します。他にもいろいろな色や素材で飾ってみてください。

23 約3cmの太さの金色モールを、リースのボールにからめてとめます。濃緑のすき間に巻き付けて1周し、リースのボールに戻ってとめます。

24 幅63mm、赤いベルベットの布リボンを約80cm使って、

25 真ん中をとめる短いパーツと、一筆書きのリボンにします。布リボンは手芸店などで10cm単位で切り売りしています。お店によって販売方法が違うので確認してください。

26 真ん中のパーツは布用の接着剤を使ったり、糸と針で縫い合わせたり、お好みの方法で裏側でとめてリボンを作ります。リボンの裏側に輪ゴムをかけて、

27 リースのボールに取り付けて完成です。幅広リボンはフチにワイヤーが入っている事が多いです。ワイヤーを全部抜いてしまったり、端を折り込むなど、風船が割れない工夫をしましょう。

ジグザグリース

 40cm

三角形がぐるっとつながっているような、おもしろい形のリースです。
基本は「くさり編み」です。単純な繰り返しで作っていきますので見た目の印象より簡単にできます。ひねる大きさをそろえて作りましょう。きれいな円の美しい仕上がりになります。薄緑・赤・ピンクの配色で解説していますが、白・金色・赤の配色もきれいです。お好みの色で作ってください。

ジグザグリース

1

材料
薄緑6本、赤2本、濃ピンク1本。
（白で作る時の材料）
白6本、金2本、赤1本。

2
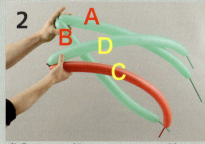

全部12cm残してふくらませ結びます。薄緑2本（A・B）を結び合わせたペアを1つ、赤（C）と薄緑（D）を結び合わせたペアを1つ作ります。残りの風船は後で継ぎ足す時に使います。

3
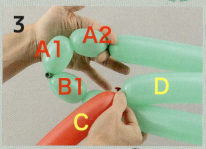

A・Bのペアのうち、1本で5.5cmを2つ（A1・A2）、もう1本で6cmを1つ（B1）ひねり、

4

そこへC・Dをはさんでから、

5
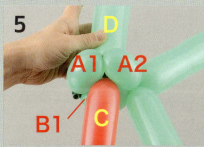

ひねり合わせます。薄緑で三角ができました。C・Dは三角の内側にはさまれているだけで、どこかにはめ込んだり、ひねり合わせたりしていません。

6
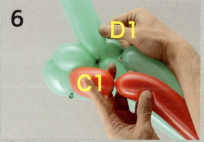

次はCで7cm（C1）、Dで7cm（D1）ひねり、A・Bのひねり目をはさんで、

7
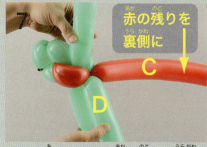

ひねり合わせます。赤の残りは裏側に、薄緑を手前側に持ってます。

8

次はまたA・Bのペアで、片方に5.5cmを2つ、もう片方に6cmを1つひねります。A・Bのペアは、どちらがAかBかを気にせず、長く残っている方で5.5cmを2つひねるようにします。

9

D・Cのひねり目をはさんでA・Bをひねり合わせます。5.5cm2つは常にリースの外側に、6cmは常に内側になるように作っていきます。

25

ジグザグリース

次はDで7cm（D2）、Cで7cm（C2）ひねり、A・Bのひねり目をはさんで、

ひねり合わせます。今度は薄緑の残りを裏側に、赤の残りを手前側に持ってきます。

この繰り返しで、A・Bでは三角を作り、C・Dの2本は表と裏の色を入れ替えて、色が交互に出るように作っていきます。

薄緑の三角を6個作ると、ちょうど半円です。このあたりで風船を継ぎ足しましょう。A・Bのひねり目を押さえてしぼませ、結びます。

新しい薄緑2本を結び合わせてつなげます。長く残った余分は切り取ります。

C・Dのペアもひねり合わせた後、同じように継ぎ足して後半を作っていきます。

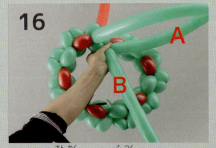

A・Bの三角を12個作ったら、A・Bはしぼませて結びます。12個数えるのは大変なので、Cの赤が6個できた時をめやすにします。その後にもう1つ作ると、それが12個目になります。

しぼませた残りで、最初に作った三角と結び合わせます。結んだ後に余分は切り取ります。A・Bの方は1周つながりました。

次にC・Dをつなげます。Cで7cmひねり、残りもしぼませて結びます。Dも7cmでひねって同様に処理します。しぼませた残りはまだ切り取らず、

卓上ツリー

1 材料
濃緑4本。薄茶・黄色・白1本ずつ。好きな飾り用ボールの色数本。

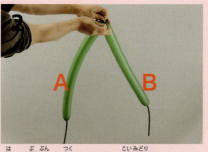

2 葉の部分を作ります。濃緑を16cm残してふくらませ結びます。2本用意して(A・B)結び合わせます。口巻きは2本とも切り取っておきます。

3 濃緑をもう1本、16cm残してふくらませ（C）結びます。ふくらませていない黄色の口巻き側と結び合わせます。

4 結び目に指を当て、濃緑の内側に押し込んでいきます。

5 3cmほど押し込んだら外側から結び目を押さえ、押し込んだ指を引き抜きます。内側の結び目を巻き込んでひねり、ひねり目を指で押さえておきます。

6 そこに、先にふくらませたA・Bの結び目をはめ込んで反対側に持っていき、

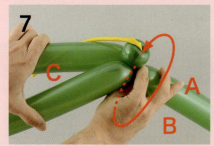

7 A・Bを一緒に回転させます。3本がまとまり、内側の結び目が固定されてはずれなくなりました。

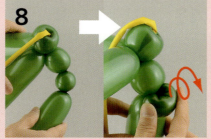

8 1本に3.5cmと3cmのボールをひねります。3cmの方をピンチツイストにします。

9 3本とも同様にひねります。

卓上ツリー

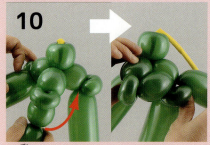

10
1本に3.5cmのボールをひねり、隣のピンチツイストにからめてつなげます。

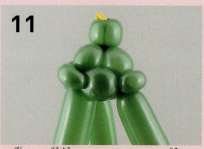

11
3本とも同様につなげていき、横に1周させます。1段目ができました。

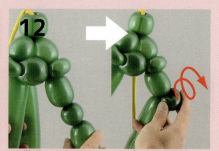

12
2段目を作ります。1本に5cmと、3cmのボールをひねります。3cmの方をピンチツイストにします。

13
3本とも同様にひねります。

14
1本に3.5cmのボールを2つひねり、隣のピンチツイストにからめてつなげます。

15
3本とも同様につなげていき、横に1周させます。2段目ができました。

16
3段目は6cmと、3cmのボールをひねります。3cmの方をピンチツイストにします。

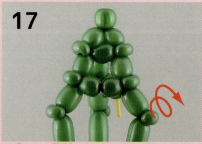

17
3本とも同様にひねります。

18
次は7cmひねってから、上の段のボールにからめます。からめるために1段目と2段目のすき間に、

卓上ツリー

19 通してから、

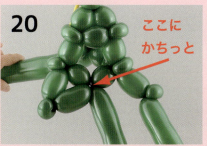

20 ひねり目同士を、かっちりはめ込みます。

ここにかちっと

21 また7cmひねり、次は隣のピンチツイストに、

22 からめてつなげます。

23 3本とも同様につなげていき、横に1周させます。残りはしぼませ、結び目を作ってとめます。

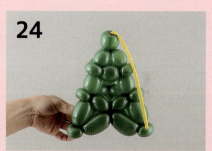

24 余分は切り取ります。ツリーの葉の部分ができました。

25 星を作ります。黄色を少し長めに切り取り、

26 16cmふくらませて、切り口のすぐそばを結びます。

ここを結ぶ

27 濃緑との接点がぐらぐらしないように、空気を送って密着させてからひねり始めます。

41

卓上ツリー

28 3cmのボールを5つひねり、丸くひねり合わせます。

29 残りはしぼませ、結び目を作ってとめます。余分は切り取ります。

30 トップの星ができました。真ん中のすき間は次に作る部品でふさぎます。 ← すき間

31 木の幹と内側の葉を一緒に作ります。濃緑を16cm残してふくらませ、薄茶は16cmの長さにふくらませて結びます。2本を結び合わせます。

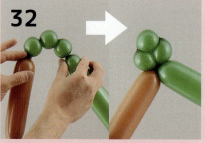

32 3cmのボールを3つひねり、まとめてひねり合わせます。三角がひとつできました。

33 同様の作業で、全部で3つの三角を作ります。

34 残りはしぼませ、結び目を作ってとめます。余分は切り取ります。

35 これをツリーの下から内側に差し込んで、

36 2段目のすき間に、三角の先端をはめ込みます。3箇所のすき間、それぞれにはめ込むようにします。 ← ボールをはめ込む

卓上ツリー

37 雪をイメージした白い台を付けます。白を16cm残してふくらませ、薄茶と結び合わせます。薄茶がふにゃふにゃしている時は、空気を葉の方に押し戻し、固くしてから結び合わせます。

38 薄茶の余分は切り取ります。白は6cmを2つひねり、折り曲げてひねり合わせます。

39 同じ作業を繰り返し、5枚の花びらのような形を作ります。残りはしぼませ、結び目を作ってとめます。余分は切り取ります。

40 白は、花びらが平らに並んでいるような感じで形を整えます。きちんと並べると、ツリーは安定して真っ直ぐに立ちます。

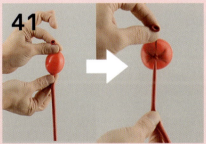

41 飾りを付けます。3cmふくらませ、両端を引き寄せて固結びにします。

42 少し長めに余分を残して切り取ります。

43 ピンチツイストにからめて取り付けます。

44 赤・濃ピンク・オレンジなど、お好みの色で飾りましょう。

45 応用例
葉の色を赤・濃緑・黄緑にしました。内側の葉は黄緑で作り、飾りは黄色のボールを付けています。てっぺんは単純に短くふくらませただけです。

壁掛（かべか）けツリー

 50cm

同（おな）じ部品（ぶひん）を3つ作（つく）り、それを組（く）み合（あ）わせると大（おお）きな三角（さんかく）ができちゃうという、おもしろい作品（さくひん）です。
ツリーに付（つ）けるオーナメントは、軽（かる）い物（もの）、尖（とが）っていない物（もの）ならいろいろなバリエーションが楽（たの）しめます。布（ぬの）のリボンや、市販（しはん）のオーナメント、袋入（ふくろい）りのお菓子（かし）など、オリジナルの飾（かざ）りを付（つ）けて壁（かべ）を飾（かざ）ってください。

壁掛けツリー

1
材料
ツリー本体……濃緑5本。薄茶1本。
リボンの飾り……赤・オレンジ2本ずつ。山吹色・黄色1本ずつ。

2
葉の部分を作ります。濃緑を13cm残してふくらませ結びます。全体を軽く握って、均一にやわらかくしておきましょう。

3
1辺が10cmの部品を作っていきます。10cm・3cmとひねります。3cmはつぶしながら小さめにひねります。指でつまんで引き上げながら回転させ、ピンチツイスト（P1）にします。

4
10cmを2つひねり、ひねり目に口巻きをからめ、中から引き出してとめます。1つ目の三角形ができます。

5
3cmをひねり、ピンチツイスト（P2）にします。

6
10cm・3cmとひねり、3cmをピンチツイスト（P3）にします。

7
10cmを2つひねり、P2にからめてまとめます。

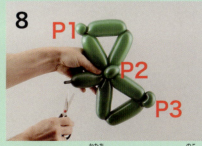

8
リボンのような形になりました。残りはしぼませて結び、余分は切ります。P1・P3の位置は左右どちらにあっても問題ありません。三角形は後で回転できます。

9
同じ形の部品を、全部で3つ作ります。

45

壁掛けツリー

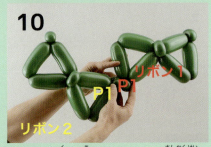

10

リボンを組み合わせて大きい三角形を作っていきます。まずリボン1と、リボン2、端のピンチツイストをひねり合わせます。図は説明のためにP1としていますが、どちらでもいいです。

11

ひねり合わせたピンチツイストは表側に1つ、裏側に1つになるように位置をずらします。上の写真は横から見たところです。ここは大きい三角形の中心点になります。

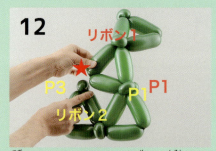

12

次に、リボン1のひねり目（★印）に、リボン2のP3をはめ込みます。

13

はめ込むところを拡大すると、こんな感じです。ひねり目を大きく広げてピンチツイスト（P3）をくぐらせ、かっちりとはめ込みます。

14

2つの部品が合体しました。

15

もう1つの部品（リボン3）をつなげます。まず、リボン3のひねり目に、表側のP1をはめ込みます。

16

はめ込むところを拡大すると、こんな感じです。ここは二重になっていてきつめですが、表側の1つにはめ込めばOKです。ひねり目をゆっくり広げ、割れないように気を付けます。

17

残ったひねり目2箇所に、リボン3のP1・P3をはめ込んで、大きい三角形ができました。

18

部品はこんな風に組み合わせています。どのリボンも、最初に真ん中のP1に合わせてから、残った箇所をつないでいきます。

壁掛けツリー

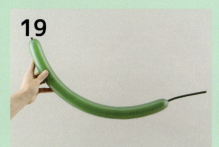
19
大きい三角に、半円の飾りを付けていきます。濃緑を13cm残してふくらませ結びます。

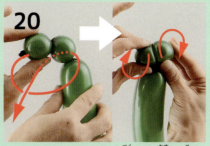
20
3cmのボールを2つ作り、結び目をからめてとめます。それぞれ逆向きにひねって、ピンチツイスト2つにします。

21
ピンチツイストを上に
ここにはめ込む
大きい三角は、上にピンチツイストが来るように持ちます。片方のひねり目に、解説20で作ったピンチツイスト2つをはめ込みます。

22
軽く握ってやわらかくしてから、

23
ゆるいカーブが付くぐらいの長さ（およそ13cm）でひねって、隣のピンチツイストにからめます。

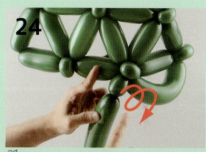
24
続いて3cmをひねり、ピンチツイストにします。これでピンチツイストが二重になりました。表側と裏側に1つずつになるように動かします。

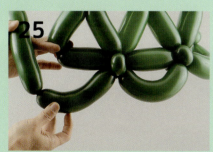
25
同じ手順を繰り返し、半円を付けていきます。

26
最後はピンチツイスト2つを作り、余分は切り取ります。残ったひねり目にはめ込みます。半円をはめ込んでからピンチツイストを作っても同じです。
やりやすい方法で作ってください。

27
葉の部分ができました。波打ったり、ゆがんだりしている所があれば、なるべく平らになるようにずらして形を整えます。

47

壁掛けツリー

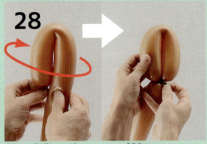

28 幹の部分を作ります。薄茶を13cm残してふくらませ、結びます。11cmで折り曲げてひねり、結び目を輪の中から引き出してとめます。

29 3cmをひねり、ピンチツイストにします。

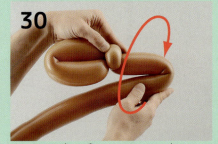

30 11cmで折り曲げ、もう1つ輪ひねりを作ります。

31 ピンチツイストを真ん中にして、輪ひねりと幹が垂直になるように形を整えます。

32 葉の中心にあるP1ピンチツイストまでの、幹の長さを決めます。そこをひねって、

33 残りはしぼませ、結び目を作ってとめます。余分は切り取ります。

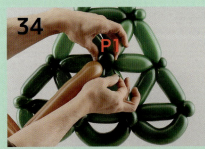

34 薄茶の結び目を、P1ピンチツイストにからめて取り付けます。取り付けた方が裏側になります。

35 ふくらませていない濃緑を使って、半円裏側のピンチツイスト2箇所に渡し、幹を押さえます。

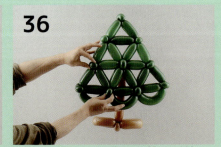

36 ピンチツイストの向きを揃えて形を整え、ツリーの土台ができました。色々な飾りを付けて楽しんでください。

壁掛けツリー

37 リボンをたくさん付けます。赤を20cmの長さにふくらませ、結びます。

38 5cmで折り曲げて輪ひねりを作ります。輪の中から結び目を引き出してとめます。5cmはとても小さい輪ひねりです。「小さく、小さく」と心がけてひねりましょう。

39 次に、2.5cmの小さいボールをひねり、

40 それをピンチツイストにします。

41 もう1つ5cmの輪ひねりを作り、

42 少し長めに残す

残りはしぼませて結び目を作り、少し余分を残して切り取ります。切り取った残りで、もう1つ同じリボンを作ります。

43 結び目をピンチツイストにからめて取り付けます。取り付け後に、ピンチツイストやリボンのずれている所がないかチェックして形を整えましょう。

44 赤4つ・オレンジ3つ・山吹色2つ・黄色1つを飾ります。リボンがとってもキュートですね。

45 飾りの応用例です。袋入りのお菓子やリボンを付けました。セロテープの粘着面を外側にして丸くしたり、両面テープを使ったりしてツリーに貼ります。プレゼントにもおすすめです。

手乗りクリスマス

 18cm 21cm 17cm

手のひらにのるぐらいのかわいいツリー・サンタ・トナカイです。少ない本数でささっとできるのに、どれも存在感があります。全部作って並べると、とってもキュート。

ちょっとしたスペースに飾ってもよし、プレゼントにしてもよし。活躍の場が多い作品たちです。

手乗りサンタ

1 材料
白・赤・肌色・黒1本ずつ。
白のビニールテープ

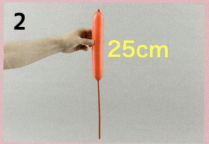

2 赤を25cmの長さにふくらませて結びます。

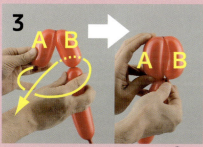

3 7cmを2つ（A・B）ひねって曲げます。結び目をからめて間から引き出し、まとめます。

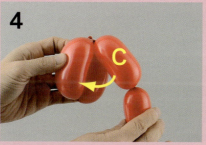

4 7cmを1つ（C）ひねり、まとめた2つに重ねます。

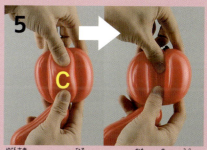

5 指先でABを広げ、Cを思い切り裏側に押し込みます。ひねり目同士が、かっちりとはめ込まれて3本がまとまりました。ここはサンタの体になります。

6 ★印は、後でサンタの顔を付ける場所です。

7 サンタの頭を作ります。肌色を20cmの長さにふくらませて結びます。7cmを2つひねり、ひねりが戻らないように押さえて、

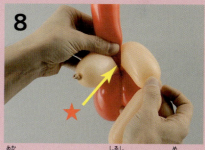

8 赤をつぶしながら★印のひねり目をはさみます。

手乗りサンタ

9

はずれないように結び目をからめます。頭が横に長すぎると不自然なので、全体のバランスを見て大きさを調整してください。

10

残りをしぼませてから固結びします。余分は切り取ります。結び目は肌色の裏側に押し込んで目立たないようにします。

11
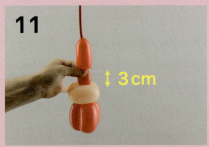
上に出ている赤を3cmひねってしぼませ、結んでとめます。余分を少し残して切ります。

12
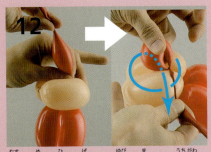
結び目を引っ張って指に巻き、内側をくぐらせて引き出します。

13

つるんとしたボールができます。ここは帽子の先っぽになります。余分は切り取ります。

14

帽子の白フチを作ります。白を6cmの長さにふくらませて結びます。くの字につぶして細くやわらかくしてから、

15
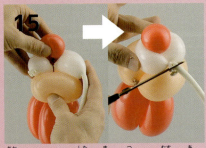
赤のボールの下に巻き付けて結び合わせます。余分は切ります。切り取った白は、後で台を作るのに使います。

16

白の結び目は裏に回して目立たなくします。体・頭・帽子ができました。

17

台を作ります。作り方はトナカイ・ツリーと同じです。白の残りを20cmふくらませ、結びます。結び目を赤のひねり目にからめて取り付けます。

手乗りサンタ

4.5cmで折り曲げて、

小さい輪ひねりを作ります。

同じ輪ひねりを全部で3つ作り、残りはしぼませます。結び目を作ってとめ、余分は切ります。

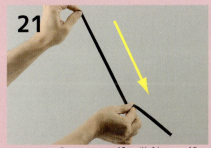
ベルトを付けます。黒の先端から口巻きの方に向かって空気を抜き、ぺったんこにしてから、

サンタのお腹に巻き付けて、

背中側で結び合わせます。余分な残りは背中のすき間に押し込んで隠します。

バックルを付けます。白のビニールテープを1.2cm切り取り、ベルトの上に貼ります。

黒の油性マーカーで、長方形を描いて塗りつぶします。

マーカーで顔も描いて完成です。まっすぐに立たせるために、台の輪ひねりが平らに並ぶように整えましょう。

手乗りトナカイ

1 材料
薄茶・灰色・白・赤１本ずつ。

2 薄茶を25cmの長さにふくらませ、結びます。

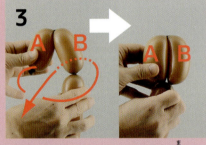

3 7cmを2つ（A・B）ひねって曲げ、結び目をからめて間から引き出し、まとめます。

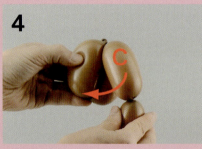

4 7cmを1つ（C）ひねり、まとめた2つに重ねます。

5 指先でABを広げながら、Cを思い切り裏側に押し込みます。ひねり目同士が、かっちりとはめ込まれて3本がまとまりました。ここはトナカイの体になります。

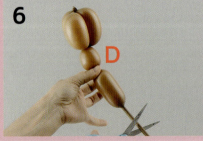

6 4cmのボールを1つ（D）ひねって残りはしぼませ、

7 結び目を作ってとめます。少し長めに余分を残して切り取ります。切った残りも後で使います。なるべく長めに切り取りましょう。

8 ツノを作ります。灰色を25cmの長さにふくらませて結びます。3cmのボールを3つひねり、2番目と3番目のボールを合わせてひねります。

手乗りトナカイ

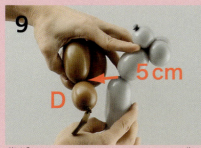
9 灰色を5cmひねり、Dのひねり目にからめます。

10 片方のツノができました。

11 もう片方のツノを作ります。5cmを1つ、3cmのボールを2つひねり、2つを合わせてひねります。

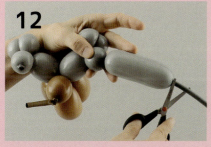
12 3cmのボールを1つひねります。残りはしぼませて、

13 結び目を作ってとめます。長く残った余分は切り取ります。口巻きも切り取ってすっきりさせましょう。

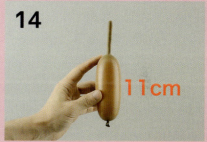
14 解説7で切り取った残りを、11cmふくらませて結びます。残りが短くて使えない時は、新しい薄茶をふくらませてください。

15 軽くつぶしてやわらかくしてから、ツノの下に巻き付けて、

16 Dの下で両端を固結びします。長く残った余分は切り取ります。

17 結び目のある、こちら側が体の正面になります。

55

手乗りトナカイ

18 赤い鼻を作ります。3cmふくらませ、両端を引き寄せて固結びします。

19 解説16で薄茶を輪にして結び合わせた所に、赤を結び付けます。余分は切り取ります。

20 Dの結び目を持って、

21 赤のボールにからめます。余分は切り取るか、すき間に埋め込んで隠します。

22 全体の形を整えます。向かって左側が横向き、右側が後ろ姿です。ツノの向きや位置も整えて、かわいくしてあげましょう。

23 台を作ります。作り方はサンタ・ツリーと同じです。白を20cmふくらませて結びます。結び目を薄茶のひねり目にからめて取り付けます。

24 4.5cmで折り曲げて輪ひねりを作ります。

25 同じ輪ひねりを全部で3つ作り、残りはしぼませます。結び目を作ってとめ、余分は切ります。

26 台の輪ひねりは、平らに並ぶように形を整えます。マーカーで顔を描いて完成です。

手乗りツリー

1

材料
濃緑・白・赤1本ずつ。

2

濃緑を25cmの長さにふくらませて結びます。

3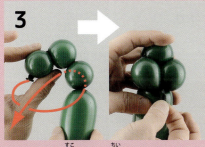

3cmより少しだけ小さく、2.7cmぐらいの大きさでボールを3つひねります。結び目をからめて間から引き出し、3つをまとめます。

4

続けて、3cmのボールを6つひねります。

5

6つを輪にしてひねります。

6

3cmのボールを3つひねって、ひねり目を3と4の間に重ね、

7

奥へ押し込んで、かっちりとはめ込みます。これで3個ボールが3列でできました。

8

ひねり目を押さえてハサミを入れ、しぼませます。押さえたすぐそばに結び目を作ってとめ、余分は切ります。切った残りも後で使います。

手乗りツリー

9

ツリーの本体ができました。

10

解説8で切り取った残りを、7cmふくらませて結びます。残りが短くて使えない時は、新しい濃緑をふくらませてください。

11
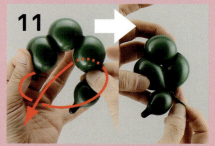
3cmのボールを3つひねり、結び目をからめてまとめます。

12

からめた所をしっかり押さえて、しぼませます。

13

固結びして、長く残った余分は切り取ります。

14

これを、横向きにしてツリー本体のすき間にはめ込みます。

15

どの面のすき間にも、ボールが1つ埋まっているような形にします。

16

台を作ります。白を20cmの長さにふくらませて結びます。結び目をツリー本体の底にからめてつなげます。

17

少しつぶしてやわらかくしながら短く折り曲げて、

手乗りツリー

18
直径4.5cmの輪ひねりを作ります。

19
同じ物を全部で3つ作り、ひねり目を押さえてしぼませます。押さえたすぐそばに結び目を作ってとめ、余分は切ります。

20
3つの輪ひねりが平らに並ぶように、形を整えます。

21
ボールの大きさ、輪ひねりの大きさを揃えて作ると、ゆがみの無いきれいな形になります。

22
飾りのリボンを付けます。ふくらませてない赤を、下から2つ目のボールと3つめのボールの間に通してひと結びします。

23
リボンに見えるように、適度な長さで切ります。口巻きも切り取りましょう。

24
残りの赤で、他の所にもリボンを付けます。かわいいツリーの完成です。

25
他にもいろいろな素材で飾ってみましょう。布のリボンや、小さくて軽いオーナメントを付けても素敵です。これは手順11で作る3つのボールを赤にしてアクセントを付けています。

26
こちらは本体を白に、台を薄茶にしました。
いろいろ変えて作ったツリーを、たくさん並べて飾るのもおすすめです。とってもにぎやかになります。

サンタのお面  35cm

おひげたっぷり、やさしい笑顔のサンタさんのお面です。
写真のようにしっかりかぶると前が見えなくなってしまうので、歩くときは上にずらして目をひげの下から出してください。

サンタのお面

1 材料
白5本。赤・肌色・ピンク・透明1本ずつ。

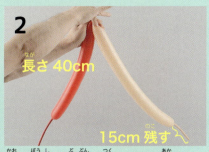

2 顔と帽子の部分を作ります。赤は40cmの長さにふくらませ、肌色は15cm残してふくらませ、2本を結び合わせます。

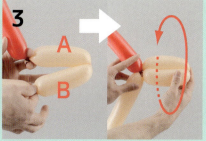

3 肌色で12cmを2つ（A・B）ひねり、2つをひねり合わせます。

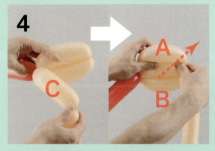

4 12cmをもう1つ（C）ひねり、ABに重ねます。ABを広げ、Cをすき間から押し込み裏側へはめ込みます。これで3本がまとまります。

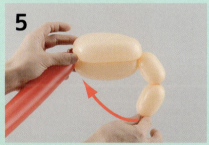

5 6cmを2つひねってほっぺたを作り、3本に重ねてひねり合わせます。

6 赤を真ん中で折り曲げます。よくつぶして曲げぐせをつけ、全体をやわらかくしておきます。端に結び目を作ります。

7 赤の結び目を、肌色のひねり目にからめて取り付けます。肌色の残りはしぼませて端を結びます。赤も肌色も余分は切ります。

8 鎖編みであごヒゲを作ります。白を15cm残してふくらませます。2本ずつ結び合わせたものを、2組用意します。

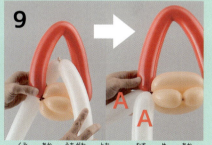

9 1組を赤の内側に通し、結び目を赤の付け根にかちっとはめ込みます。この1組をAとします。

サンタのお面

はめ込んだ白を、それぞれ6cmずつ（A1）ひねります。ひねったまま広げておき、

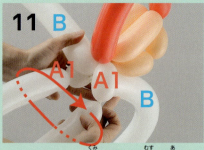

そこに、もう1組（B）の結び合わせた所をはさんでから、ふたつのA1をひねり合わせます。Bは海苔巻きの具のように包まれているだけでどこにもひねり付けてはいません。

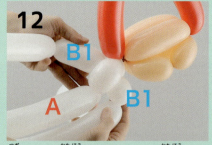

次にBの片方を9cm、もう片方を4cmひねり、Aのひねり目をはさんでからひねり合わせます。9cmはいつも外側に、4cmは内側にしてヒゲのカーブを作っていきます。

次に、Aをそれぞれ6cmずつ（A2）ひねり、Bのひねり目をはさんでからひねり合わせます。こうして鎖のように、はさんでひねり合わせる作業を繰り返します。

Bは4回ひねり合わせたら、ひねり目を押さえてしぼませ、結び合わせて余分を切り取ります。

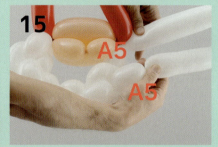

Aはそれぞれ6cmずつ（A5）ひねり、帽子の赤の根元をはさみ込んでからひねり合わせます。

Aの残りはしぼませて結び、余分は切り取ります。豊かなあごヒゲができました。

お鼻を作りましょう。ピンクを4.5cmふくらませて、両端を結び合わせます。

肌色のひねり目に結び付けてから、余分は切り取ります。

サンタのお面

19 鼻ヒゲを付けます。あごヒゲを切った残りを使い10cmの長さにふくらませます。つぶしてやわらかくしてから結び合わせます。残りが短い時は新しい白をふくらませてください。、余分は切ります。

20 白の穴を広げ、ピンクの鼻を通します。

21 鼻の下にヒゲがくるように、ひねり目同士をかっちりはめ込みます。

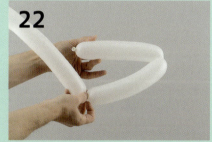

22 白を15cm残してふくらませ、22cmを2つひねります。折り曲げて結び合わせ、余分は切ります。

23 白を広げて赤の帽子をはさみ、おでこの上に来るぐらいまで押し下げます。

24 黒のマーカーでにっこりした目を描きます。

25 透明を、頭に合わせた長さにふくらませて結びます。結び目を赤い帽子の付け根にからめて取り付けます。余分は切り取ります。

26 透明は、真ん中に1つひねり目を付けておくと、多少頭の大きさが違ってもうまくかぶることができます。

27 完成です。

トナカイのお面  35cm

赤鼻のトナカイのお面です。茶色で顔を作っていく時に、一筆書きのように行ったり来たりします。最初はどこの何を作っているのか「??」なところもありますが、出来上がると一筆書きの合理性が納得できる作品です。パズルのようなおもしろさも一緒に味わってください。

トナカイのお面

1 材料
灰色2本。薄茶・透明・赤・白1本ずつ。

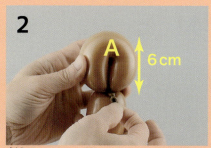

2 薄茶を12cm残してふくらませ結びます。少しつぶしながら6cmで折り曲げ、やわらかい輪ひねり（A）にします。結び目を輪の中から引き出してとめます。ここは鼻になります。

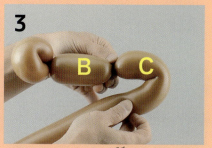

3 9cm（B）を1つ、続けて7cmで折り曲げて輪ひねり（C）にします。Cは片方の耳になります。

4 透明を12cm残してふくらませ結びます。結び目をCの輪ひねりにからませて取り付けます。この状態の輪ひねりはほどけやすいため、透明の結び目でとめて安定させます。

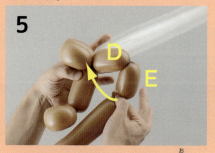

5 7cmを2つ（D・E）ひねり、折り曲げて一緒にひねります。ここはトナカイのおでこになります。

6 もう1つ7cm（F）をひねり、D・Eに重ねます。

7 DEを広げながら、Fを思い切り押し込んで裏側へはめ込みます。これで3本がまとまります。

8 7cmで折り曲げ、輪ひねり（G）を作ります。もう片方の耳になります。

9 鼻、耳、おでこと輪郭ができてきました。

65

トナカイのお面

透明は頭の大きさに合わせて長さを決め、余分はしぼませて結びます。結び目をもう片方の耳（G）の元にからめて取り付けます。長い余分は切ります。

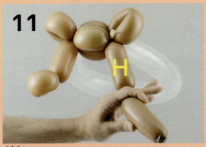

薄茶を9cm（H）ひねります。ひねり目を押さえてしぼませ、結びます。余分はまだ切り取らず、

最初にひねった鼻に結び付けます。結んだ後、余分を切り取ってすっきりさせます。顔の土台ができました。

目と赤い鼻先を作ります。白を15cmの長さにふくらませ結びます。6cmを2つひねって結び合わせます。余分は少し長めに残して切り取ります。

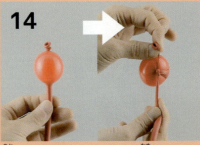

赤を3.5cmふくらませて結びます。両端を引き寄せて固結びします。残りはまだ切り捨てないように。この赤ボールは後で鼻の輪ひねりを通します。注意して小さく作りましょう。

白のひねり目（結び目がない方）に、赤を結び付けます。余分が長く残っている場合は切り取ります。

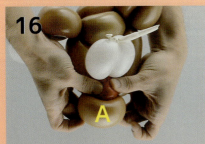

薄茶の輪ひねり（A）を広げ、赤ボール（鼻先）を通します。少々きついですが力技で通します。

もしもここで割れてしまったら、別の薄茶できつめに巻いた物を結び付けるなど、なんとかこの形になるように工夫してみましょう。めげずに作っていくと必ずうまくなります。

ツノを作ります。灰色を15cm残してふくらませ、2本を結び合わせます。

トナカイのお面

19 白の余分に残した所を持ち、おでこの1本の裏を通してから上に引っ張り上げます。

20 白と灰色とを結び合わせます。

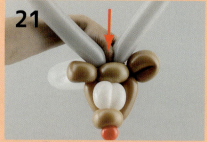

21 おでこ側に少し押し込んで結び目を隠します。

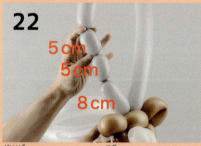

22 灰色でまず8cm、次に5cmを2つ作り、2つを折り曲げてひねり合わせます。

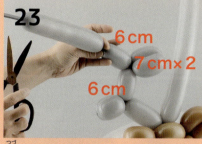

23 続けて6cmを1つ、7cmを2つ作り、2つを折り曲げてひねり合わせます。
6cmを1つひねって残りはしぼませ、結び目を作って余分は切り取ります。

24 反対側のツノも同じ手順で作ります。

25 マーカーで目を描きます。

26 赤の鼻先は、上に持ち上げながら薄茶にぐにぐに押し付けます。薄茶が少しつぶれて鼻先が上を向くようにするとかわいくなります。

27 おつかれさまでした。完成です。

ツリーのお面  40cm

キュートなツリーのお面です。顔が付いていて表情が楽しめます。葉の部分は「はしご編み」という技法で作ります。はしご編みは、いろいろな作品を作るのに応用できて便利です。この作品でマスターしたら、オリジナル作品にも挑戦してみましょう。

ツリーのお面

1 材料
濃緑2本。薄茶・黄色・白、赤、透明1本ずつ。薄い両面テープ。

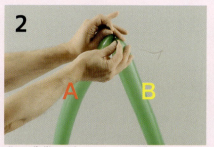

2 葉の部分を作ります。濃緑を12cm残してふくらませ結びます。2本用意して（A・B）結び合わせます。

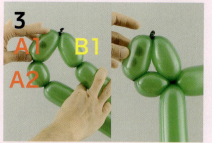

3 片方に7cm（A1）と5cm（A2）、もう片方に7cm（B1）をひねり、2本をひねり合わせます。三角形ができました。

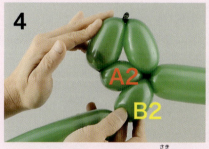

4 Bで5cm（B2）をひねり、先にひねっていた5cm（A2）に重ねて、

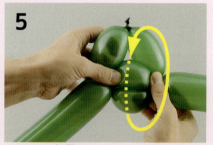

5 ぐるぐる回転させます。2本がひねり合わされました。

6 1段目ができました。見てわかりやすいようにAとBに分けて説明していますが、実際にひねる時はA・Bどちらでもかまいません。

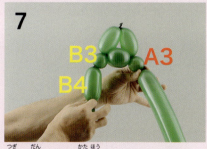

7 次の段です。片方に3.5cm（B3）と9cm（B4）、もう片方に3.5cm（A3）をひねり、2本をひねり合わせます。B3・A3のボールはすき間ができないように小さくひねりましょう。

8 Aで9cm（A4）をひねり、先にひねっていた9cm（B4）に重ねて、

9 ぐるぐる回転させます。2本がひねり合わされ、2段目ができました。

ツリーのお面

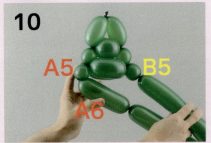

次の段は片方に 3.5cm（A5）と 13cm（B4）、もう片方に 3.5cm（B5）をひねり、2本をひねり合わせます。

B で 13cm（B6）をひねり、先にひねっていた 13cm（A6）に重ねて、

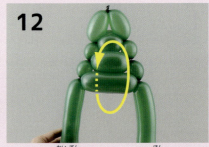

ぐるぐる回転させます。2本がひねり合わされ、3段目ができました。

次の段は片方に 3.5cm（B7）と 17cm（B8）、もう片方に 3.5cm（A7）をひねり、2本をひねり合わせます。

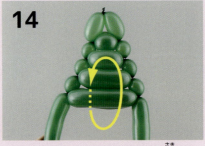

A で 17cm（A4）をひねり、先にひねっていた 9cm（B8）に重ねて、ぐるぐる回転させます。2本がひねり合わされ、4段目ができました。これではしご編みは終わりです。

残りを 7cm で折り曲げて、輪ひねりを作ります。

もう片方にも直径 7cm の輪ひねりを作ります。残りはひねり目を押さえてしぼませ、結んで余分は切ります。

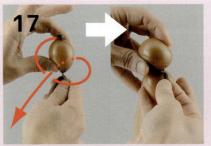

幹を作ります。薄茶を 12cm 残してふくらませ結びます。3.5cm のボールをひねり、結び目を引っ張ってひねり目にからめます。からめた時にできた小さい穴から引き出してとめます。

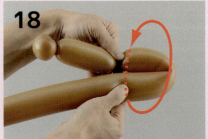

9cm をひねった後、8cm で折り曲げて輪ひねりを作ります。

ツリーのお面

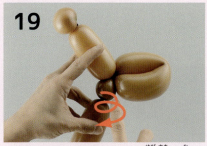

19 3cmのボールをひねり、指先で引き上げながら回転させて、ピンチツイストにします。

20 もう1つ直径8cmの輪ひねりを作ります。残りはしぼませて結び、余分は切り取ります。

21 幹ができました。

22 下から濃緑に差し込み、4段目と3段目のすき間から薄茶のボールを引き出します。

23 このボールは鼻になります。濃緑のすき間が広がってしまったら、ボールを引っ張って浮かせながら段と段を押しつけて形を整えます。

24 目玉を作ります。白を10cmふくらませて結びます。4cmのボールをひねり、ひねり目が長く伸びるように残りの空気を押し下げます。

25 結び目とひねり目を引き寄せ、固結びします。

26 4cmひねって、少し離れた所にハサミを入れてしぼませます。

27 切り口のすぐそばを結びます。

ここを結ぶ

ツリーのお面

28 5cmほど離れた所に空気を移動させ、両端を引き寄せて固結びします。ダンベルのような形になります。長く残った余分があれば切り取ります。

29 目玉を2段目と3段目のすき間に置きます。1段下の裏から指を入れ、ひも部分を引っ張り出します。鼻のボールにひもをひっかけて目と鼻をつなげます。

30 段と段を寄せてすき間をなくします。あとは口と星を付ければ完成です。

31 ← 口巻きもカット

赤を12cmの長さにカットします。口巻きの部分も切り取ります。両面テープが付くように、赤の表面をよく拭いて粉や汚れをしっかり落としましょう。

32 薄手の両面テープを、ツイストバルーンの幅に合うように細く切ります。

33 赤に両面テープを貼ります。

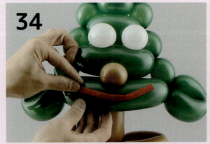

34 にっこり笑った口の形になるように、カーブさせながら濃緑に貼り付けます。
愛嬌のある顔になりますね。

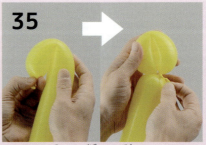

35 トップに付ける飾りを作ります。黄色を15cm残してふくらませ結びます。6cmで折り曲げ、輪ひねりを作ります。結び目を輪の中から引き出してとめます。

36 次も6cmで折り曲げてひねります。この繰り返しで、同じ大きさの輪ひねりを全部で5つ作ります。

ツリーのお面

37
次に3cmのボールをひねり、ひねり目を細長くつぶしながら、輪ひねりの中心にはめ込んで、

38
残りを裏側に持っていきます。花の中心にボールが埋め込まれました。

39
裏側にも3cmのボールをひねります。残りはしぼませて結び、結び目を中心にからめてとめ、余分は切り取ります。

40
輪が横向き
ここは二重に
輪ひねりを動かしてクロスの形にします。輪ひねり5つのうち、水平方向の2つは輪を横向きにします。一番下は裏表二重にします。

41
濃緑の口巻きを引っ張って、黄色のひねり目にからめて取り付けます。

42
横から見た飾りです。二重の輪ひねりで、濃緑をはさむ形になって付いています。

43
透明を頭の大きさに合わせてふくらませ結びます。結び目を濃緑の輪ひねりにからめて取り付けます。もう片方の輪ひねりにも結び目をからめます。

44
透明は、真ん中にひねり目を入れておくと大きさの違いに対応できます。

45
マーカーで目を描いて完成です。

三角帽子 ▲ ↕50cm

風船3本でパパッとできる帽子です。お好みの色を使って、カラフルな帽子を作ってください。頭の大きさは大人に合わせていますが、きつい時には解説3の所でひねるB・Cの長さを少し長く、小さいお子さんには少し短くして作ってください。

三角帽子(さんかくぼうし)

1
材料
赤・オレンジ・黄色1本ずつ。
作例にこだわらず、好きな色を3本選んで作ってください。

2
3本とも6cm残してふくらませ、結びます。

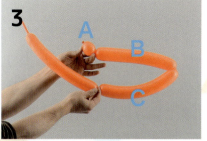

3
4cmのボール(A)を1つひねった後に、27cm2つ(B・C)をひねり、折り曲げて、

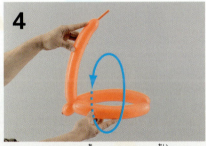

4
B・Cをひねり合わせます。小さいお子さん用にはB・Cを短くします。同じ物を全部で3つ作ります。

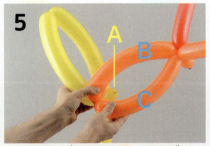

5
オレンジの輪(B・C)のひねり目に、黄色のボール(A)を、かちっとはめ込んでつなげます。同様につなげていき、

6
全部の輪とボールをつなげると、三角形になります。残りの部分は軽く握ってやわらかくしてから、

7
バランスのいい所で、3本をひねり合わせます。

8
ひねった残りは曲げぐせをつけます。

9
3本とも曲げぐせをつけて完成です。

クリスマスケーキ

← 35cm →

直径35cm、おいしそうなクリスマスケーキです。
最初に外枠だけをぐるっと作り、次に中身をささっと作り、最後に飾りを付けるという、3つのステップで作っていきます。
飾りまで細かく解説してあるために少しページ数が多いですが、ケーキ本体は「ずるい」と思ってしまうぐらいシンプルな作りです。編み込みという技法を使ったように見えるのに、実は全然編み込んでいない。楽してできちゃう作品です。飾りを変えても楽しめます。

クリスマスケーキ

1 材料
白11本。赤・ピンク2本ずつ。
肌色1本。

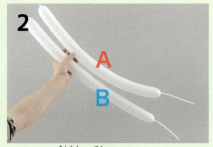

2 ケーキの外枠を作ります。
白を4本、13cm残してふくらませ結びます。まず、2本（A・B）で半周を作り、残りの2本は後で継ぎ足して使います。

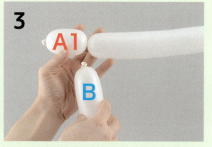

3 Aを7cmひねります。そのひねり目に、Bを結び合わせます。

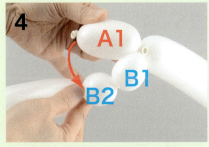

4 Bで3.5cmのボールを2つ（B1・B2）ひねります。B2のひねり目に、Aの結び目をからめて合体させます。

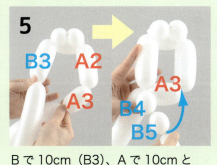

5 Bで10cm（B3）、Aで10cmと7cm（A2・A3）ひねり、AとBをひねり合わせます。
Bで3.5cmのボールを2つ（B4・B5）ひねり、A3に重ねて

6 ぐるぐる回転させます。見てわかりやすいようにAとBに分けて説明していますが、実際にはAとかBとかを気にせずひねってください。

7 A3とB4・B5がひねり合わされました。ボール2つは、いつも手前側になるようにしておきます。
（ボールは手前側に）

8 同じ長さで同じ作業を繰り返し、

9 次の段を作ります。長四角が2つ、つながっているような形ができました。

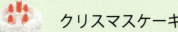

クリスマスケーキ

10

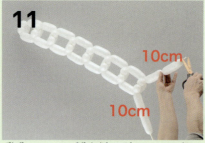

11

12

長四角が3つできた所で、AもBも10cmでひねり、残りはしぼませて結びます。解説2でふくらませておいた白を結びつけ、余分は切ります。解説5からの作業を繰り返し、

全部で7つの長四角を作ります。解説10と同じように10cmでひねってから、残りはしぼませ結びます。

結び目を持って、それぞれ最初のA・Bにからめてつなげます。長く残った余分は切ります。八角形の外枠ができました。ボールはどこも外側になっているようにします。

13

14

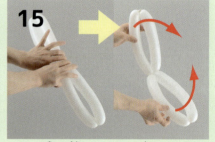

15

ケーキの中身を作ります。白はいったん先端までふくらませ、結ぶ前に少し空気を抜いてやわらかくします。その後、輪にして結び合わせます。

全体をぎゅっとつぶし、均一にやわらかくします。その後で結び目の反対側をひねります。

さらに真ん中でひねり、折りたたんで、

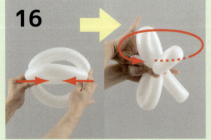

16

17

18

両端のひねり目をぎゅっと寄せて、ひねり目を合わせて持ちます。真ん中をしっかりつかんでひねります。輪ひねりが4つできました。

もう1つ同じものを作り、

2つを真ん中でひねり合わせます。合わせる数が多くて大変ですが、力をこめてひねりましょう。

クリスマスケーキ

19 形を整えます。縦の輪の中に、横の輪をはめ込んでいくように向きを変えていき、

20 縦横交互になるようにします。ケーキの中身ができました。

21 いちごの飾りを作ります。白は4cm、赤は4.5cmふくらませ、2つを結び合わせます。

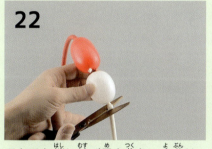

22 それぞれ端に結び目を作り、余分は切り取ります。切り取った残りで同じものをあと3つ作ります。

23 赤は先をつまんで細くします。いちごっぽくなりますね。

24 同じものを4つ作ります。

25 いちごクリームを作ります。ピンクを15cmふくらませて結びます。2.5cmの小さいボールを5つひねり、口巻きをひねり目にからめてとめます。ボールは張りを持たせながら、4、5回しっかりひねります。

26 残りはしぼませて、両側を固結びにします。口巻きと、長く残った余分は切り取ります。切り取った残りで同じものをもう1つ作ります。

27 全部で4つ作ったら、

79

クリスマスケーキ

28 いちごの下にはめ込みます。

29 白い部分をケーキの輪ひねりにはめ込んで取り付けます。

30 横向きの輪ひねり全部にはめ込みます。

31 真ん中に飾るサンタを作ります。肌色を4.5cm、赤を12cmふくらませ、2本を結び合わせます。

32 赤は端に結び目を作ります。ここは後でケーキ本体にからめて取り付ける部分です。からめるための長さを残して切り取りましょう。

33 切り取った残りを2.5cmふくらませ、両端を引き寄せて固結びにします。

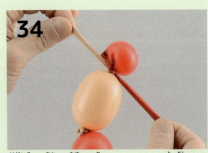
34 肌色と赤を結び合わせます。余分は2本とも切り取ります。

35 白を12cmふくらませて結びます。2.5cmのボールを4つひねり、肌色の下に巻いてから、

36 白の残りをしぼませます。両端を結び合わせ、口巻きと余分は切り取ります。

クリスマスケーキ

37 帽子のフチを作ります。白の残りを4.5cmふくらませて結びます。真ん中を軽くひねってから、

38 赤いボールの下に巻いて、両端を結び合わせます。余分は切り取ります。

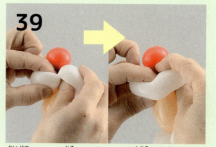
39 解説37で軽くひねった所をひねり戻します。細くて小さい輪になります。

40 白を15cmふくらませて結びます。写真は切り取った残りを使っていますが、短いときは新しい1本で作りましょう。解説25・26の、いちごクリームと同じものを作ります。

41 白の輪に赤の結び目を通し、

42 赤の結び目を引っ張って、ケーキの真ん中のひねり目にからめます。サンタの飾りがつきました。

43 外枠と中身を組み合わせます。外枠は八角形、中身には輪ひねりが8つあります。

44 外枠のすき間1つに横の輪ひねりを1つはめ込み、隣のすき間に縦の輪ひねりを1つはめ込みと、1つ1つのすき間にはめ込んで合体させます。

45 外枠の周りにクリームを付けていきます。白を20cm残してふくらませ結びます。結び目を、ケーキ上部の角にからめて取り付けます。

クリスマスケーキ

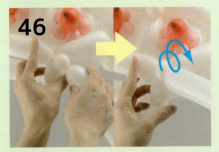

2.5cmのボールをピンチツイストにします。

2.5cmのボールを5つひねり、

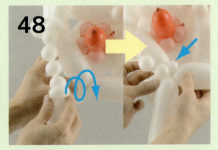

5つめをピンチツイストにします。ピンチツイストを隣の角にくぐらせて、はめ込みます。

ピンチツイストの間に小さいボールが4つできました。この4つの両端は外側の3.5cmボールの下に入れ込んで浮き上がらないように安定させます。

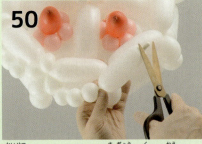

解説47から48の作業を繰り返し、八角形の1辺ずつにクリームを付けていきます。3辺に付けた後は、2.5cmのボールを4つひねって残りをしぼませ、結びます。

結び目を隣の角にからめ、余分は切ります。クリームが半周つきました。白をもう1本用意して同じ角にからめ、解説45からの作業を繰り返して残りの半周をつけます。

白の顔料マーカーでいちごのつぶつぶを描きます。黒と赤のマーカーでサンタの顔を描いて完成です。

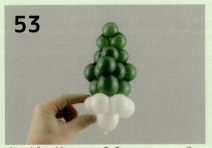

別の飾り方です。手乗りツリーの葉の部分だけを作り、下に4cmの白を付けます。ボール5つのクリームも付けて、

輪ひねりの1つにはめ込みます。緑が1つ加わると、また違った印象になりますね。こちらもお試し下さい。

４コマまんが

４コマまんが

ソリに乗ったサンタ

←53cm→

ソリとトナカイ、サンタのセットです。ソリの荷台に、小さいプレゼントやオーナメントを組み合わせても素敵です。それぞれ個別に解説しています。サンタだけ作りたいとか、サンタ・トナカイを作って並べたいとか、セットと違う形で応用する時は、必要なところだけ読んでください。

サンタクロース（高さ32cm）

1

サンタクロースのみの材料
赤・黒・白2本ずつ。肌色1本。
白いビニールテープ
トナカイとソリの材料は90ページ
の手順1を見てください。

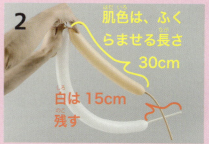

2 肌色は、ふくらませる長さ30cm
白は15cm残す

白を15cm残してふくらませます。
肌色は30cmの長さにふくらませ
ます。2本を結び合わせます。

3

白も肌色もそれぞれ8cmひねり、
2本を合わせてひねります。

4 口巻き

続けて肌色を8cmひねり、先にひ
ねった2本に重ねます。肌色のひね
り目に白または肌色の口巻きをから
めて、

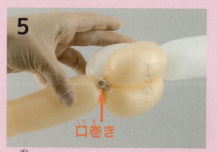

5 口巻き

3本をまとめます。

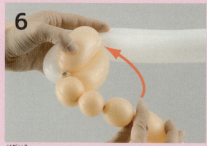

6

肌色で3.5cm・3cm・3.5cmと
3つのボールをひねって、

7

先にひねった3本に重ね、ひねり合
わせます。

8

白を8cmひねり、先にひねってあ
る白と並べて、

サンタクロース

9 手順4・5と同じく、ひねり目に口巻きをからめてまとめます。口巻きはひねり目に埋もれている事もあるので、引っ張り出してからめます。

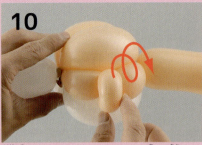

10 肌色のボール3つのうち、真ん中のボールを引き上げながら回転させてピンチツイストにします。ここはサンタクロースの鼻になります。

11 白で3cmのボールを3つひねり、鼻のピンチツイストにからめます。ここは鼻ヒゲになります。

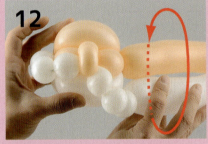

12 また3cmのボールを3つひねり、残りを肌色とひねり合わせます。

13 白と肌色の残りは、ひねり目を押さえてしぼませ、端を結んで余分は切り取ります。結び目は、すき間に押し込んで目立たなくしておきます。

14 顔ができました。顔の上部に8cmの肌色が2本、下部に8cmの白が2本まとまった状態になっています。

15 サンタクロースの白手袋を作ります。白を4cmふくらませて結びます。両端を引き寄せて固結びします。長い余分は切ります。

16 残りでもう1つ同じ物を作ります。切った残りは後で帽子の先に使います。取っておいてください。

17 赤を9cmふくらませて結びます。少しつぶしてやわらかくしながら折り曲げて、

86

サンタクロース

18 両端を引き寄せて固結びします。口巻きと、長い余分は切り取ります。これは赤い帽子になります。

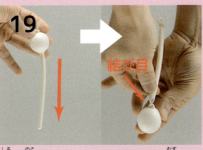
19 白の残りを3cmふくらませて結びます。空気を先端側に移動させてから、ボールのすぐそばに結び目を作ります。

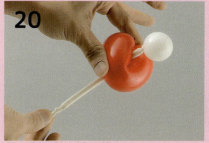
20 赤の輪の中に白を通し、

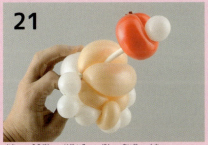
21 顔の上側、肌色2本の間を通し、

22 顔の下側、白2本の間を通して引っ張り出します。

23 ぐらぐらしたりゆるんだりしている所が無いように、よく引っ張っておきましょう。

24 ブーツを作ります。黒を30cmの長さにふくらませて結びます。結び目を持って5cmで折り曲げ、輪ひねりを作ります。結び目を輪の中から引き出してとめます。

25 3cmのボールをひねり、そのボールをピンチツイストにします。

26 体を作ります。赤を12cm残してふくらませ、結びます。6cm（A）の後に、12cmを2つ（B・C）ひねり、

サンタクロース

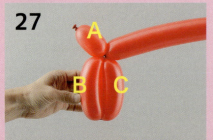

27 BとCをまとめてひねります。

28 赤の続きに12cm（D）をひねります。黒は5cmひねります。

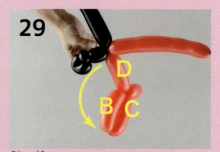

29 赤と黒をひねり合わせます。DをB・Cに重ねてから、

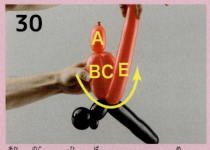

30 赤の残りを引っ張って、ひねり目にはめ込みながら反対側へ持ってきます。腕（A）の方に引き上げ、12cm（E）ひねります。

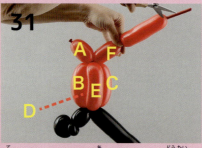

31 手（A）とひねり合わせると、胴体の4本がまとまります。6cm（F）ひねってもう片方の腕を作り、残りはしぼませて結びます。結び目から少し長さを残して切り取ります。

32 ブーツのもう片方を作ります。黒で5cm、3cmボールをピンチツイスト、直径5cmの輪ひねり。残りはしぼませて結び、余分は切ります。

33 体とブーツができました。

34 頭と体を合体させます。頭から引き出した白のヒモを、よく引っ張りながら腕の付け根にからめます。首がぐらぐらしないようにしっかり引っ張りましょう。

35 体のすき間を広げ、そこへ腕をはさんで下向きにします。もう片方の腕も、反対側で同様にはさみます。

サンタクロース

36 解説16で作った白いボールのすき間に、手の結び目（口巻き）をくぐらせて取り付けます。結び目が引っかかっているだけですが案外はずれにくいです。心配な時は二重にくぐらせます。

37 全体の形を整え、結び目が目立つ所はすき間に押し込んで隠します。

38 ベルトを付けます。黒の口巻きを切り落とした後、縦にハサミを入れて切り広げます。よく切れるはさみを使いましょう。

39 背中からお腹をぐるっと巻いて、結び合わせます。結んだ余分は赤のすき間に押し込んで隠します。

40 ベルトはよれた所がないように広げ、体の真ん中あたりの位置に来るようにします。

41 ベルトのバックルを作ります。白のビニールテープを2.5cmの長さで切り取ります。

42 ベルトの上に張り、

43 マーカーで黒の長四角を描き、

44 お顔も描いて完成です。

トナカイとソリ

1. トナカイとソリの材料
トナカイ‥‥‥薄茶・灰色・赤1本ずつ。
ソリ‥‥‥水色2本。銀色1本。

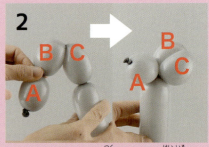

2. トナカイのツノを作ります。灰色を16cm残してふくらませ、結びます。5cmを3つ（A・B・C）ひねり、BとCを一緒にひねり合わせます。

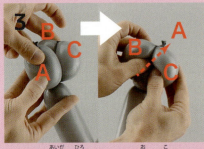

3. B・Cの間を広げてAを押し込み、反対側へくぐらせます。
ひねったB・Cがくるりんと外れるのをふせぐためです。

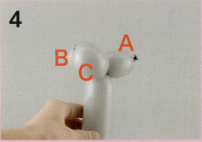

4. ツノの片方ができました。

5. トナカイの顔を作ります。薄茶を12cm残してふくらませ、結びます。8cm（a）ひねって、ひねり目を押さえておきます。灰色を軽く握って細くしてから12cm（D）ひねり、

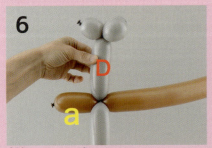

6. 薄茶とひねり合わせます。

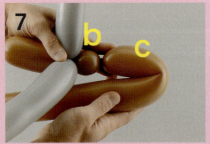

7. 薄茶で3cmのボール（b）、つぶしてやわらかくしながら7cmで折り曲げ、輪ひねり（c）を作ります。

8. 輪ひねり（c）を広げ、最初に作った（a）を口巻きの方から差し込んで、

トナカイとソリ

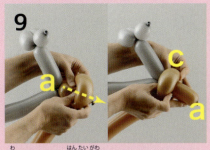
9 輪ひねりの反対側へくぐらせていきます。灰色のツノが、輪ひねりの内側に入るまで押し込みます。

10 顔の部分ができました。

11 もう片方のツノを作ります。軽く握って細くしてから、

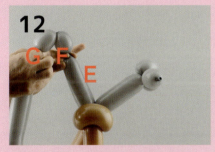
12 12cm（E）をひねり、5cm２つ（F・G）を一緒にひねり合わせます。

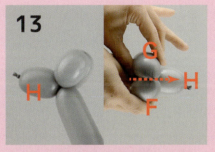
13 もう１つ5cm（H）をひねったら、残りはしぼませて結び余分は切ります。最初に作ったツノと同じように、G・Fの２つを広げて、Hを反対側へくぐらせます。

14 トナカイの体を作ります。4cmで首を作り、残りを軽く握って細くしてから、

15 10cm２つをひねり合わせて前足にします。

16 9cmで胴体、9cm２つをひねり合わせて後足にします。残りが尻尾になります。空気の配分が少しむずかしいです。うまくできない時は、首の下などでもう１本継ぎ足して作りましょう。

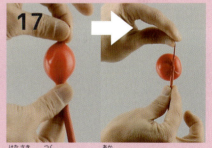
17 鼻先を作ります。赤を3cmふくらませ、両端を引き寄せて固結びにします。余分は切ります。

トナカイとソリ

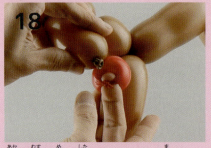
18
赤の結び目の下にできたすき間に、薄茶の口巻きを通して取り付けます。口巻きが引っかかっているのではずれにくいですが、気になる時は二重に巻き付けましょう。

19
トナカイができました。

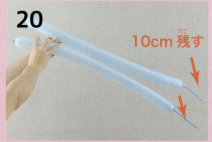
20 10cm残す
トナカイが引くソリを作ります。水色を10cm残してふくらませ、結びます。同じ物を2本用意します。2本とも口巻きから3cmでボールをひねり、ボール同士をひねり合わせておきます。

21
片方を軽く握って曲げ、やわらかくしてから、

22
トナカイの首に巻き付けて、

23
巻いた長さでひねって、ボールにからめます。最初にひねり合わせたボール2つは、首の後ろに来るように位置をずらします。

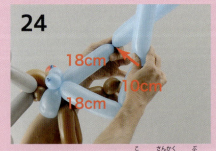
24 18cm / 10cm / 18cm
サンタクロースをはめ込む三角の部分を作ります。片方で18cm・10cmの2つをひねり、もう片方の18cmとひねり合わせます。

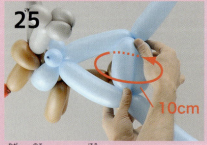
25 10cm
長く残っている方で10cmをひねり、先にひねった10cmと重ねてぐるぐる回転させます。2本がまとまりました。

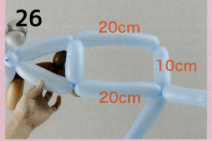
26 20cm / 10cm / 20cm
長く残っている方で20cmと10cm、もう片方で10cmをひねり、2本をひねり合わせます。長四角の形ができます。

トナカイとソリ

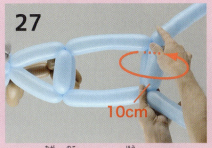

27 また、長く残っている方で10cmをひねり、先にひねった10cmと重ねてぐるぐる回転させます。残りはしぼませて結び、余分は切ります。

28 ソリの輪郭ができました。写真の★1と★2は、10cmが二重になっています。

29 ソリのエッジを付けていきます。銀色を10cm残してふくらませ、結びます。
結び目を、★1のひねり目にからめて取り付けます。

30 軽く握ってやわらかくしてから6cm・14cm・6cmと続けてひねり、★2のひねり目に巻き付けてとめます。

31 10cmひねって★2の水色2本に重ね、ひねり目に巻き付けてとめます。

32 もう片方のエッジを作っていきます。軽く握ってやわらかくしてから、

33 6cm・14cm・6cmと続けてひねり、残りはしぼませて結びます。その結び目を★1のひねり目にからめて取り付けます。余分は切ります。

34 トナカイの顔をマーカーで描き、全体の形を整えます。

35 先に作ったサンタクロースを、三角の穴にはめ込みます。荷台にお菓子やプレゼントを置いても素敵ですね。お疲れさまでした、セットの完成です。

４コマまんが

４コマまんが

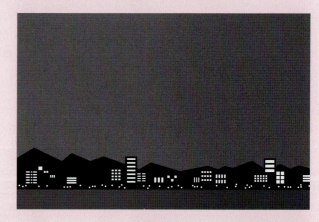

４コマまんが

４コマまんが

せつめい

ラウンドのツリー・こどものツリー

丸い風船（ラウンド）で作るツリーです。大きいツリーは高さ160cm・直径60cmでボリュームたっぷり。こどものツリーは高さ57cm・直径30cm、テーブルや棚に置いて飾れます。軽めのオーナメントや布のリボンなど、いろいろな素材を貼って飾るのもいいですね。

ラウンド（丸い風船）のきほん

（1）サイズ合わせの準備をする

段ボールの箱や、机、椅子など、端がまっすぐな物を2つ用意します。
2つのすき間がこれからふくらます風船の直径になるように定規で測って位置を決めます。箱が動かないようにテープでとめます。
※ 専用サイザーをすでにお持ちの方は、そちらを使ってください。

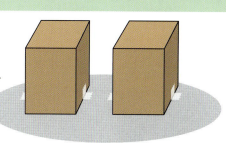

（2）風船の直径（横幅）をそろえる

少し大きめにふくらませ、先端をつぶしながら空気を抜いてまん丸の形にします。
箱のすき間を通しながら少しずつ空気を抜き、すれすれに通るぐらいにします。
1つめはまだ結びません。※1　空気がもれないようにねじって指にはさんでおき、もう1つを同じ大きさでふくらませます。

※1　どうしてもむずかしくてできなかったら、1つめは結んでくださいね。

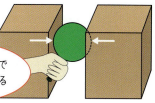

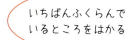
いちばんふくらんでいるところをはかる

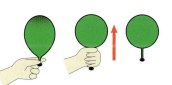

（注意）直径が小さいとき

小さい直径でふくらませると、トップがふくらまないで濃い色が残ります。
結ぶ前に空気をトップ側に移動させて、大きい物と同じ色にします。ふくらんでいない部分が長くなります。結び合わせる時にゆるまないよう注意しましょう。

（3）2個組を作る

同じサイズの2つを、すき間があかないようにぐっと引っ張りながらからめます。もう一度からめ、固結びにします。
ふくらんでいない部分が長い物は、特によく引っ張りながら結びましょう。これで2個組ができました。

同じサイズの2個組をもう1つ作ってください。

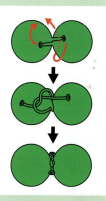

（4）4個組にする

同じサイズの2個組2つを、
ひねり合わせます。

4個組みができました。

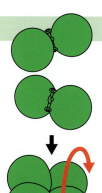

この調子でたくさんの4個組みを作ります。
色やサイズはみんなちがうので、
大きいツリーは98ページ、
こどものツリーは100ページを参考にしてください。

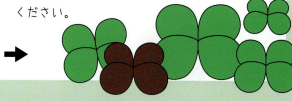

ラウンドのツリー

大きくて見栄えがするツリーです。倒れないように、下に水を入れた風船のおもりを付けています。たくさんの数をふくらませます。ハンドポンプで作るときは時間を多めに取りましょう。数人で分担して作ってもいいですね。

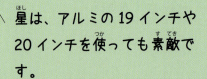

160cm

星は、アルミの19インチや20インチを使っても素敵です。

緑のかわりに白のラウンドで作るのもおすすめです。

材料
11インチラウンド	緑 24個
	茶色 6個
5インチラウンド	緑 12個
飾り用のいろいろな色	24個
260ツイストバルーン	黄色 2本
	緑 2本

4個組を作る

11インチ風船で7組　　**5インチ風船で3組**

直径 16cm　　　　　　　8cm

17cm　　　　　　　　　10cm

18cm　　　　　　　　　11cm

20cm

22cm

25cm

20cm

直径を測りながら4個組を図のように作ります。4個組の詳しい作り方は97ページにあります。

飾りをふくらます

直径 5cm

6cm

8cm

星を作る

20cm

260を3等分する場所に結び目を作り、3つに切り分けます。それぞれ20cmの長さにふくらませ、真ん中で全部ひねり合わせます。

10cm

水おもりを作る

茶色を二重にしてから水を入れ、※2　まず内側だけをしっかり結びます。内側の結び目を中に入れ、外側も結びます。

※2 思い切り引っ張って口を広げ、蛇口にはめ込みます。

ひもを作る

260を先端からしごいてぺったんこにしてから結びます。2本作ります。

組み立てる

① 　② 　③ 　④ 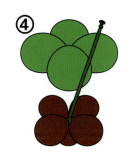　⑤ 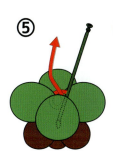　⑥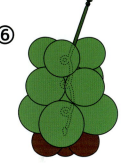

① 水おもりと260のひもを結び合わせます。
② おもりを下から茶色4個組の真ん中にはめ込み、
③ 260を引っ張りながらぐるっとからめます。
④ 緑の一番大きい4個組を、
⑤ 茶色と緑が互い違いになるようにのせ、260でからめます。
⑥ 大きい順に残りもからめます。260が足りなくなったら継ぎ足します。

かざる

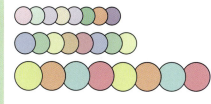

かざりのラウンドは、下から大中小と、2段ごとに大きさを変えて貼り付けます。

星は、黄色の1本の先端にボールをひねります。そのひねり目を、一番小さい4個組の中心にからめて取り付けます。

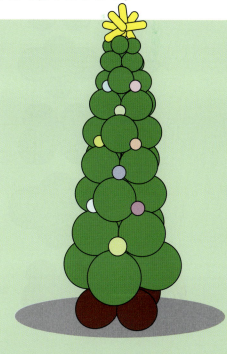

99

こどものツリー

テーブルや棚の上に置くのにちょうどいい大きさのツリーです。リボンは両面テープや、セロテープを輪にして貼り付けています。クリスマスの時期になると、オーナメントやクリスマス柄のリボンなどがたくさんお店に並びます。上手に組み合わせて飾りましょう。小さいチョコやキャンディなど、きれいな包装のお菓子を使ってもいいですね。

57cm

白のツリーにしても
素敵です。

材料
5インチラウンド　　　緑 20個
　　　　　　　　　　薄茶色 4個
260ツイストバルーン　黄色 1本
　　　　　　　　　　緑 1本
飾りのリボン　　　　3個以上

4個組を作る

直径 7cm
8cm
9cm
10cm
11cm
9cm

直径のサイズで4個組を作ります。4個組の詳しい作り方は97ページを見てください。

直径のサイズを小さくすると、トップが厚いままで色が濃く残り、全体がふにゃふにゃになります。結ぶ前に空気をトップ側に移動させ、張りのある4個組を作りましょう。

水おもりはつけません。
下にコインをはさむとフラフラしないで安定します。

星を作る

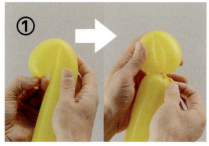

① 黄色を15cm残してふくらませ結びます。5cmで折り曲げ、輪ひねりを作ります。結び目を輪の中から引き出してとめます。

② 次も5cmで折り曲げてひねります。この繰り返しで、同じ大きさの輪ひねりを全部で5つ作ります。

③ 3cmのボールをひねり、ひねり目を細長くつぶしながら、輪ひねりの中心にはめ込んで、

④ 残りを裏側に持っていきます。中心にボールが埋め込まれました。

⑤ 裏側にも3cmのボールをひねります。残りはしぼませて結び、結び目を中心にからめてとめます。

⑥ 全体の形を整えます。しぼませた部分は、後でツリーに取り付ける時に使います。

組み立てる

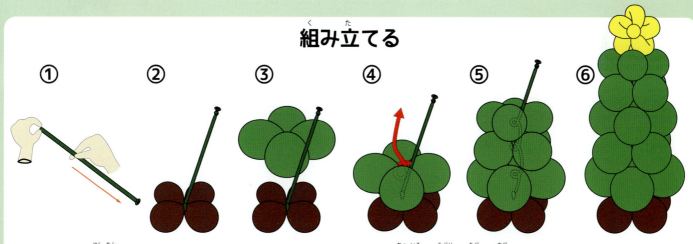

① 260を先端からしごきぺったんこにしてから結びます。
② 茶色4個組の真ん中に260を結び付けます。
③ 緑の一番大きい4個組を、
④ 茶色と緑が互い違いになるようにのせ、260でからめます。
⑤ 残りも大きい順に重ねてからめます。
⑥ 星を緑の真ん中にからめて取り付けます。

つながる風船（クイックリンク・リンコルーン）のきほん

つながる風船とは

クイックリンクやリンコルーンという名前で販売されている、ツノの付いた風船です。風船どうしを結び合わせてつなげることができます。この本では、この風船のことをリンちゃんと呼んでいます。

(1) サイズ合わせの準備をする

段ボールの箱や机・椅子など、端がまっすぐな物を2つ用意します。2つのすき間が、これからふくらます風船の長さになるように定規で測って位置を決めます。箱は動かないようにテープでとめます。

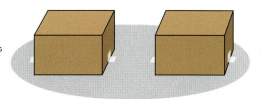

(2) 風船の長さをそろえる

つながる風船は丸い風船のそろえ方と違い、横にした時の「長さ」をそろえます。少し大きめにふくらませ、ふくらんでいる部分が両側に接しながらはまるように空気を抜きます。ツノや結び目がひっかかるので、下半分しかはまりません。図の状態でそろえます。

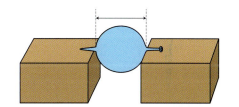

(3) つなげる

① 最初の1個だけは、サイズを測った後に口を結びます。

② 2個目は口を結ばず、1個目のツノと結び合わせます。

③ 結ぶときは、すき間があかないようにぐっと引っ張りながら一度からめ、

④ もう一度からめて固結びにします。

⑤ 2個がつながりました。

⑥ この繰り返しで、どんどんつなげていきます。

リンちゃん飾り

> かわいい部屋がパーティ会場にはやがわり

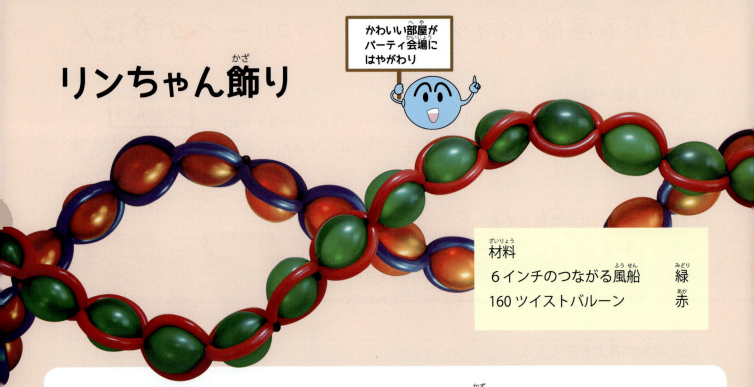

材料
6インチのつながる風船　　緑
160ツイストバルーン　　　赤

リンちゃんと160の数

リンちゃんの数

壁や天井から下げる飾りを、つながる風船（リンちゃんの6インチ）を使って作ります。まず必要な風船の数を計算しましょう。6インチ規格の風船は15cm前後の大きさになるので（メーカーや色によるバラツキがあります）、ゆるやかにカーブさせることも考え、<u>飾りたい長さ (cm) ÷ 15 (cm)</u> の計算値よりも多めに準備しましょう。

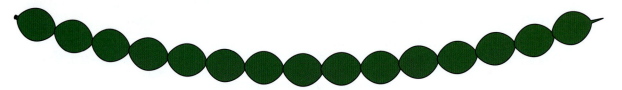

160の本数

リンちゃんをつなげた後、細い160ツイストバルーンでふちどりをします。
2本ひと組で、およそリンちゃん5個をふちどりできます。
たとえばリンちゃんを10個つなげたとき、160は4本必要になります。

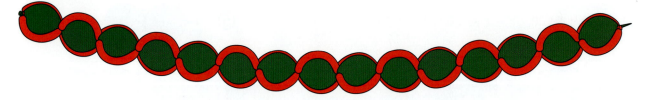

リンちゃん飾りの作り方

(1) リンちゃんをつなげる

6インチ（約15cm）の長さにそろえてつなげます。リンちゃんのサイズのそろえ方やつなげ方は103ページを参考にしてください。

(2) 160でふちどる

①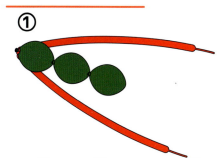

160赤を6cm残してふくらませ結びます。同じものを2本用意してリンちゃんの端に結び合わせます。

②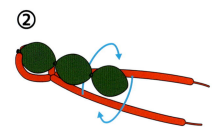

リンちゃんに沿わせた長さで、赤2本をひねり合わせます。

③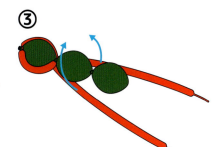

リンちゃんの結び目をはさんで、赤2本を持ち上げます。

④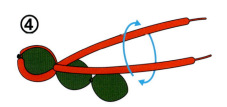

持ち上げた所でもう一度、赤2本をひねり合わせます。裏と表で1回ずつひねり合わせて、赤がはずれないようにしています。

⑤

2個目のリンちゃんに沿わせた長さで、赤2本をひねり合わせます。

⑥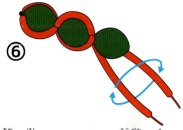

赤2本をリンちゃんの裏側に持っていき、もう一度ひねり合わせます。この繰り返しでふちどります。短くなったら赤を足して続けます。

おまけ

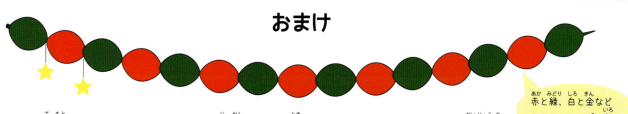

160が手元にないとか、ふちどる時間がない時は、リンちゃんだけでも大丈夫。ちがう色を交互につなげるとかわいいです。オーナメントを下げても素敵ですよ。

赤と緑、白と金などクリスマスっぽい色で

かんたんです

ひろい空間が
はなやかになります

おおきいかざり

12インチのつながる風船、リンちゃんを使ってボリュームのある飾りを作ります。12インチは長さ約30cm、太さも約24cmと1個が大きいです。広めの空間を飾るのに向いています。

材料	
12インチのつながる風船	赤
5インチのラウンド	白

リンちゃん（12インチ）と5インチラウンドの数

リンちゃんの数

壁や天井から下げる飾りを、つながる風船（リンちゃんの12インチ）を使って作ります。まず必要な風船の数を計算しましょう。12インチ規格の風船は30cm前後の大きさになるので（メーカーや色によるバラツキがあります）、ゆるやかにカーブさせることも考え、<u>飾りたい長さ(cm) ÷ 30 (cm)</u> の計算値よりも多めに準備しましょう。

5インチラウンドの数

リンちゃんをつなげた後、リンちゃんの結び目に5インチの丸い風船4個組をはめ込みます。飾る場所にもよりますが、両端に付けないと仮定して、
<u>リンちゃんの総数から1を引いた数×4</u> で計算します。

おおきいかざりの作り方

（1）リンちゃんをつなげる

12インチ（約30cm）の長さにそろえてつなげます。個数は飾る場所の大きさで決めます。リンちゃんのサイズのそろえ方やつなげ方は103ページを参考にしてください。

（2）5インチのラウンドをはめ込む

5インチラウンドは、小さめに直径10cmでふくらませます。大きいとリンちゃんが曲がらなくなります。

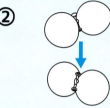

2個組を2つ作ります。くわしい作り方は97ページを見てください。

③

2個組をひねり合わせて4個組を作ります。

4個組のうち、2個のすき間を広げてリンちゃんの結び目にはめ込み、

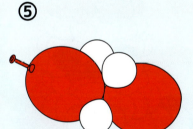

結び目より手前に持ってきます。

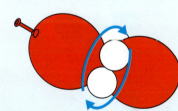

2個をひねり合わせます。この繰り返しで、全部の結び目につけます。

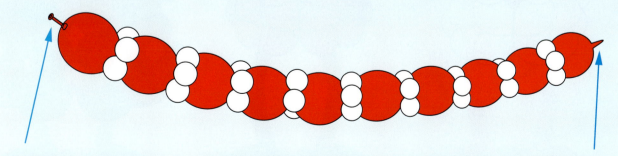

壁や天井に下げるときは、リンちゃんの端にひもやテグスなどを結び付け、そのひもを使って下げます。ツノにうっかり画鋲を使うとしぼみますから注意してください。

きぐるみを作ろう

リンちゃんです

つながる風船、リンちゃんを使ってクリスマスの着ぐるみを作ります。
ゆきだるまとサンタは基本的に同じ構造です。ツリーは少し変わった作り方になります。
1つ作るのに、100個から150個ほど使います。ハンドポンプを使って1人で作るのはたいへんなので、時間と体力（気力もです！）に余裕がある時に挑戦してください。
電動ブロアーやコンプレッサーなどの道具を使ったり、何人かで作ると早くできます。
広くてきれいな場所で作ります。置いて割れるときはブルーシートなどをひきましょう。

ゆきだるまです／サンタでーす／ツリーです

きぐるみ（ゆきだるま・サンタ）のきほん

（1）サイズをそろえて12個つなげる

つながる風船、リンちゃんのサイズのそろえ方は103ページを見てください。1段で12個が基本ですが、体格のいい人が着る場合、2個足して14個で作ります。

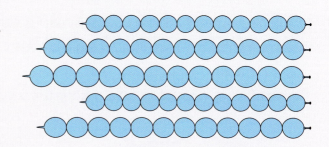

（2）それぞれのサイズで段数分作る

作り方のページを見て、各サイズごとに指定の段数分作ります。たくさん並べると見分けがつかなくなってしまうので、結び目のそばの目立たない場所にサイズまたは段数を小さく書いておきましょう。

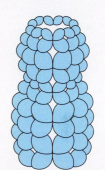

（3）組み立てる

各ページの設計図に従った形に組み立てることができれば、どんな方法でもOKです。いくつかやり方を説明します。ご自分に合った方法で作ってください。

組み立てかた　その1　1段ずつ結び合わせる

① 12個を各段ごとに丸く結び合わせます。
② 1段目の上に2段目の輪を重ねて、結び目を1つおきに結び合わせます。
③ 3段目を重ね、2段目の山になった場所に1つおきに結び合わせます。
④ この繰り返しで1段ずつ重ねて結び合わせていきます。

この方法のいい所・わかりやすく確実に作れます。

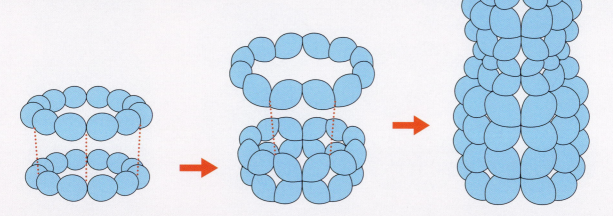

組み立てかた　その2　すき間を通してはめ込む

① 最初の2段分は結び合わせます（からめ合わせてもOK）。
② 3段目を1段目・2段目のすき間に通していき、適当なところで2段目の結び目にはめ込みます。
③ 片側の先から隣のすき間に通し、2個目の結び目をはめ込みます。
④ 次のすき間に通して2個目の結び目をはめ込みます。もう片側も同じようにはめ込み、1周させたら結び合わせます。

この方法のいい所・はめ込むので結ぶ作業が少なくなります。

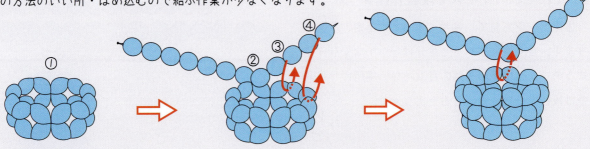

組み立てかた　その3　2段ずつからめる

① 1段目と2段目を、結び目の所で1つおきにからませてつなげます。
② 両端を結び合わせて丸くします。
③ 3段目と4段目もからませてつなげます。下と結び合わせます。
④ 5段目と6段目もからませてつなげ、下と結び合わせます。この繰り返しで全部の段をつなげます。

この方法のいい所・からめるのが簡単で、結ぶ作業も少なくなります。段が入れ替わりやすいので、大きさの差がある段や色の違う段同士をからめるとわかりやすいです。

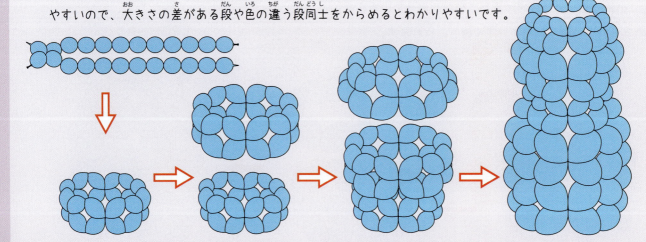

組み立てかた　その4　エックス編み

エックス編み経験のある上級者向けですが、とても効率良くできます。

なにごとも挑戦です。やってみたい方はDVDの「きぐるみサンタ」を見て参考にしてください。
① 広い場所に11段全部を順番に並べます。この時、結び目側とツノ側が交互になるように並べます。
② 1つ目をからめ、端を結び合わせてから残りを編んでいきます。
③ 同じ色が隣り合っている所は、大きさの違う段が入れ替わらないように注意しながら編みます。
④ 編み終えたら端を結び合わせ、1枚の布のようにします。筒状にして両端を結び合わせます。

この方法のいい所・組み立てが早くできます。

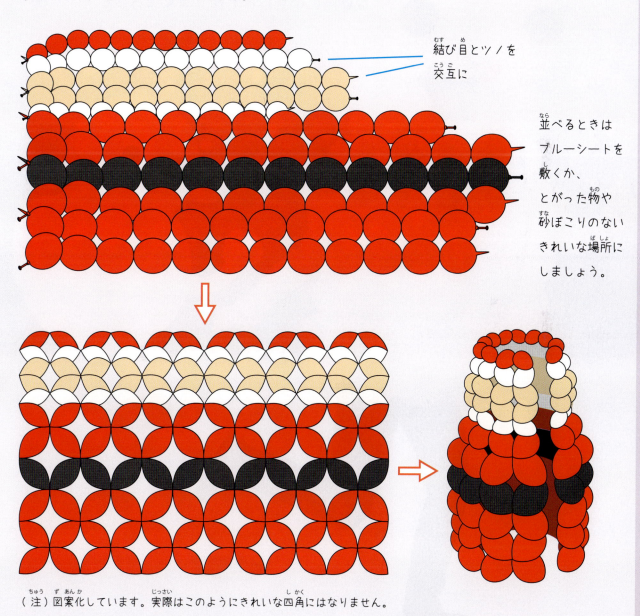

結び目とツノを交互に

並べるときはブルーシートを敷くか、とがった物や砂ぼこりのないきれいな場所にしましょう。

（注）図案化しています。実際はこのようにきれいな四角にはなりません。

着ぐるみ雪だるま

120cm

つながる風船、リンちゃんで作るゆきだるまです。大きくふくらませる段・小さい段と、サイズをしっかり測ってメリハリのある体を作りましょう。
たくさんの白だけで体を作るので、うっかりしてサイズの違うリンちゃんを隣の段と入れ替えてしまうことがあります。間違えそうだと思ったら、目立たない所に印を付けて作りましょう。

着ぐるみ雪だるまの作り方

まっ白です

つながる風船、リンちゃんのサイズの合わせ方・結び方は103ページを見てください。
体の組み立て方はいくつか方法があります。109ページから111ページ、DVDを見てください。

材料	
6インチつながる風船	白126個
260 ツイストバルーン	水色4本
350 または 360 ツイストバルーン	オレンジ1本
5インチ丸い風船	黒2個

63cm
67cm
71cm
75cm

つながる風船を11cmふくらませて山形になっている6箇所に結び付けます。6個すべてを1箇所で結び合わせます。

水色はそれぞれの長さでふくらませ、丸く結びます。余分は切ります。大きさの順に重ね、両面テープやセロテープで貼り合わせてバケツの形にします。両面テープで体に付けます。

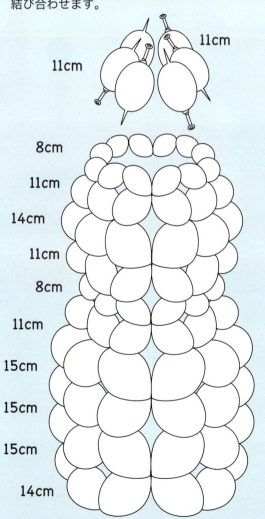

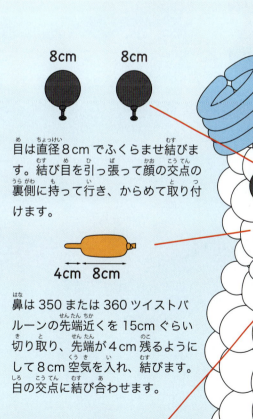

8cm 8cm

目は直径8cmでふくらませ結びます。結び目を引っ張って顔の交点の裏側に持って行き、からめて取り付けます。

4cm 8cm

鼻は350または360ツイストバルーンの先端近くを15cmぐらい切り取り、先端が4cm残るようにして8cm空気を入れ、結びます。白の交点に結び合わせます。

着る人の顔を出す時はこの2個分をあけます。

113

着ぐるみサンタ 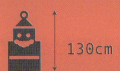 130cm

つながる風船、リンちゃんで作るサンタです。これを着てプレゼント配りをする、フォトスポットとしてお客さんに着てもらうなど、いろいろな使い方ができます。空気の層ができているため、着るとすごく暖かいです。

着ぐるみサンタの作り方

つながる風船、リンちゃんのサイズの合わせ方・結び方は103ページを見てください。
体の組み立て方はいくつか方法があります。109ページから111ページ、DVDを見てください。
4色使うので、エックス編みで作る場合でも間違いにくいです。

材料
6インチつながる風船　赤84個
　　　　　　　　　　白29個
　　　　　　　　　　肌色24個
5インチ丸い風船　　　黒2個
　　　　　　　　　　白1個

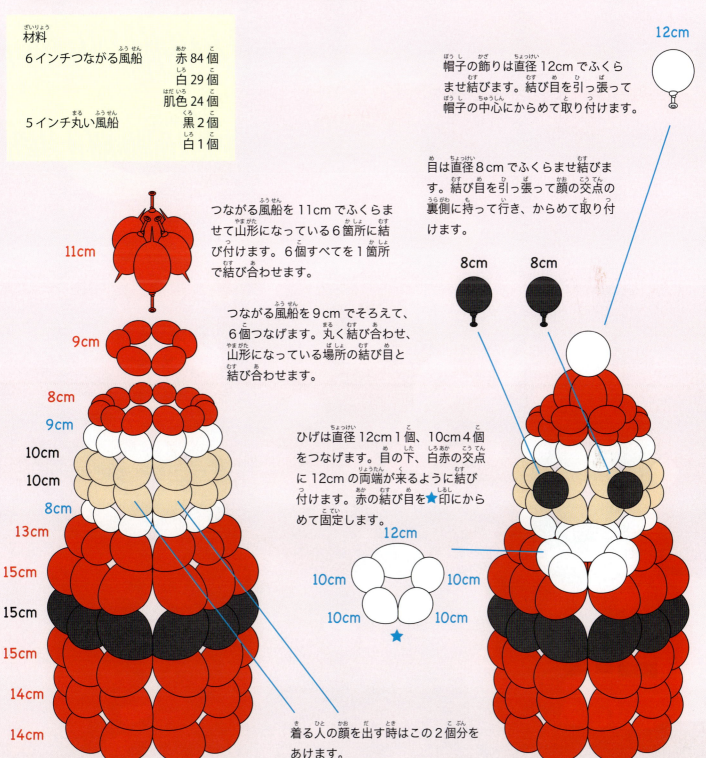

帽子の飾りは直径12cmでふくらませ結びます。結び目を引っ張って帽子の中心にからめて取り付けます。

つながる風船を11cmでふくらませて山形になっている6箇所に結び付けます。6個すべてを1箇所で結び合わせます。

目は直径8cmでふくらませ結びます。結び目を引っ張って顔の交点の裏側に持って行き、からめて取り付けます。

つながる風船を9cmでそろえて、6個つなげます。丸く結び合わせ、山形になっている場所の結び目と結び合わせます。

ひげは直径12cm1個、10cm4個をつなげます。目の下、白赤の交点に12cmの両端が来るように結び付けます。赤の結び目を★印にからめて固定します。

着る人の顔を出す時はこの2個分をあけます。

サンタです

115

着(き)ぐるみツリー

180cm

つながる風船(ふうせん)、リンちゃんで作(つく)るツリーです。雪(ゆき)だるま・サンタとは違(ちが)う作(つく)り方(かた)をします。わかりにくい時(とき)はDVDを見(み)ながら作(つく)ってください。形(かたち)が美(うつく)しいので、ツリーとして置(お)くだけでも絵(え)になります。

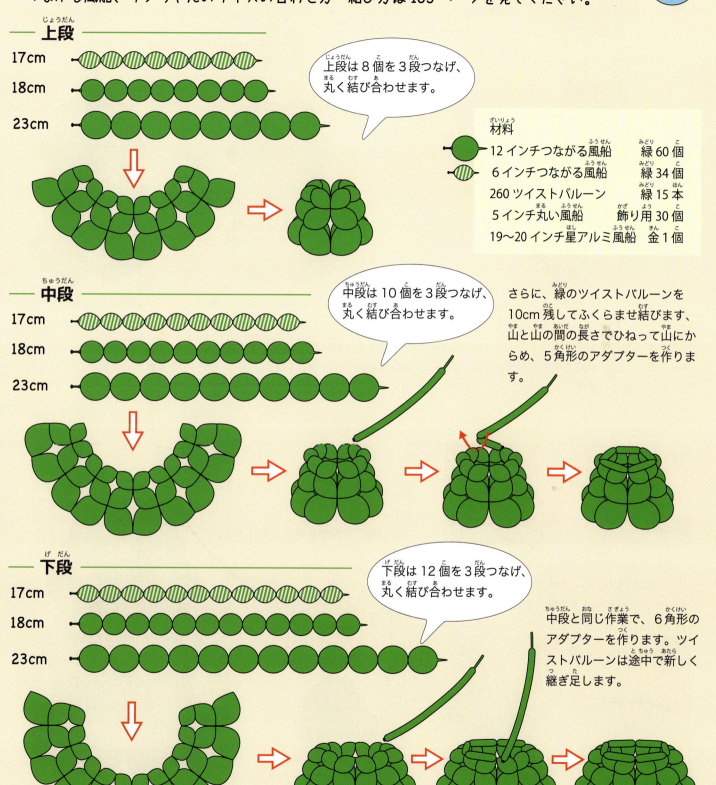

着ぐるみツリーの作り方（組立編）

みどリンちゃんです

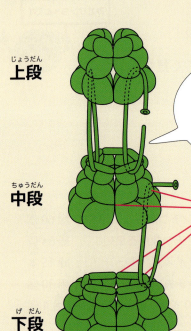

上段
中段
下段

ツイストバルーンを交点にくぐらせ、真下のアダプターを引き上げるようにして、結び合わせます。

リンちゃんの交点とアダプターの交点はずれています。外れないようにしっかりひっかかっていればOKです。

6インチサイズのリンちゃんを使用
15cm

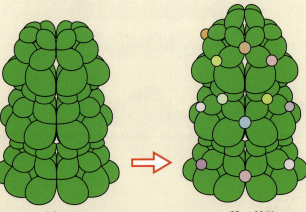

ふくらませていない緑のツイストバルーンを紐の代わりに使って、3つのパーツをつなげます。まず中段の交点5箇所と下段のアダプター、次に上段の交点4箇所と中段のアダプターを結び合わせます。

つながる風船を15cmの長さにふくらませ結びます。4個用意します。上段の山形になっている所に結び付け、真ん中で結び合わせます。

5インチの丸い風船を13cmふくらませて結びます。ツリーの交点にからめて取り付けます。

① 星のアルミ風船をふくらませます。まわりにシワが残るぐらいがめやすです。
② ツイストバルーンを内側に巻き込むように、ていねいにネックを三つ折りにします。

③ 三つ折りにしたネックを、セロテープでしっかり貼ります。貼った方が裏側です。
④ こちらが表側です。

着る人の顔を出す時は、この2個分をあけます。
小さいお子さん用は中段をあけます。

アルミ風船は内側に逆止弁が入っていて、弁にシワがよると空気がもれます。ツイストバルーンを使ってツリーのトップにやさしく結びます。

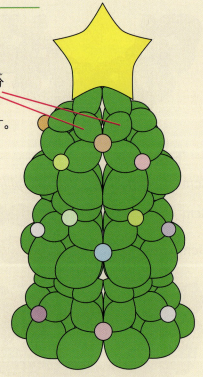

おまけ・もうひとつのツリー

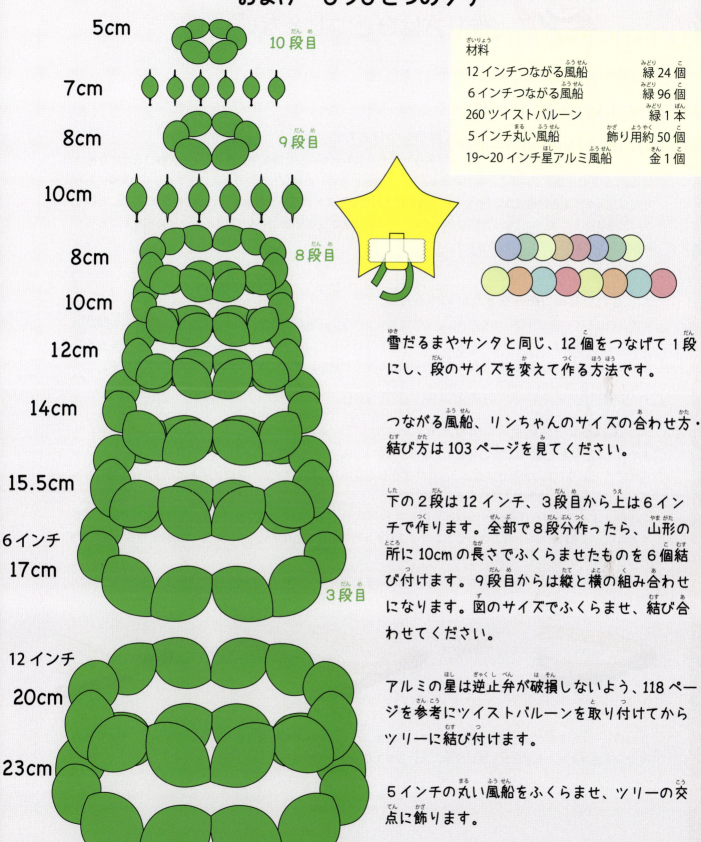

材料
12インチつながる風船　　緑 24 個
6インチつながる風船　　緑 96 個
260 ツイストバルーン　　緑 1 本
5インチ丸い風船　　飾り用約 50 個
19～20 インチ星アルミ風船　　金 1 個

雪だるまやサンタと同じ、12個をつなげて1段にし、段のサイズを変えて作る方法です。

つながる風船、リンちゃんのサイズの合わせ方・結び方は103ページを見てください。

下の2段は12インチ、3段目から上は6インチで作ります。全部で8段分作ったら、山形の所に10cmの長さでふくらませたものを6個結び付けます。9段目からは縦と横の組み合わせになります。図のサイズでふくらませ、結び合わせてください。

アルミの星は逆止弁が破損しないよう、118ページを参考にツイストバルーンを取り付けてからツリーに結び付けます。

5インチの丸い風船をふくらませ、ツリーの交点に飾ります。

作り方はひとつじゃない（1）

< リースにセロテープを使わず飾りをつける方法 >

リースの形にする前に輪ゴムを数個、ふくらませたツイストバルーンに通しておきましょう。輪ゴムに飾りをつけると、あとで位置をずらすことができます。リースの色に合わせた輪ゴムを使うと目立たずおしゃれです。えっ、そんなぴったりな色の輪ゴムは無い、という場合は太めのツイストバルーンを輪切りにして使いましょう。えーっ、太い風船は持ってないし、もったいない、という人は切れ端やしぼんだツイストバルーンを縦に細長く切って、両端を結んで輪にしましょう。

< きれいなみつあみをきれいに作る方法 >

まず、机もしくは床を掃除してください。そこにおしつけながら編んでいくときれいに仕上がります。仲間がいるときは、出来上がった部分をおさえてもらいながら形づくると、より美しい作品になります。もっともっと素敵にしたいという場合は、作りながら満面の笑顔をしてください。美しい笑顔が美しい作品をつくります。

< 束ねるリースを手早く作る方法 >

まず3本を口巻き位置で結び合わせます。この3本をＡ、Ｂ、Ｃとします。
最初にＡとＢをひねり合わせましょう。次にＢとＣをひねり合わせますが、このときＡはぜったい一緒にひねらないでください。これで1段目ができます。
2段目はＢとＣをひねり合わせ、つづけてＢとＡ（もしくはＣとＡ）をひねり合わせます。このくりかえしです。
大事なことは常に2本をひねり合わせること（3本まとめてひねるのは不可）。そして、次の段を作るとき、まずひねり合わせる2本は前の段の仕上げペアだということ。
なんのこっちゃ？と感じるかもしれませんが、実際に手を動かして理解すると目からウロコですよ。

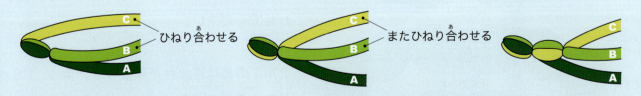

束ねるリースは3本がまとまった形になっているので、ついつい3本を一緒にひねりたくなります。その気持ちをぐっとおさえて、まず2本、次に2本、という2ステップで1段を作りましょう。

作り方はひとつじゃない（2）

< トナカイのお面の作り方 >　　　64ページもみてね

どの風船体もじつは作り方はいろいろあります。見た目が同じでもいろいろ。
トナカイのお面は、おでこが薄くなるけど別の作り方があります。最後に透明部品を付けるので便利な場合があります。
まず、赤鼻、目玉、角をあらかじめ合体した状態でつくっておきます。薄茶を尻尾12cm残してふくらませて結びます。最初の輪ひねりは耳になるように、結び目ひっかけ。次に7～8cmを2つひねり、角と目玉の間をはさみながらまとめます。9cmひねった後、直径6cmの輪ひねりを作って赤鼻を通します。9cmひねり、最後は輪ひねりで耳。残りはしぼませて結び、この結び目を輪ひねりに通してからおでこにひっかけます。

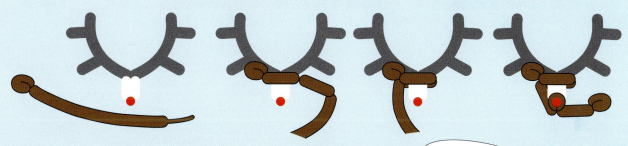

< サンタクロースの顔（パンを焼くおじさんに似てるけど） >　　　84ページもみてね

鼻をピンチツイストしないで団子鼻のままにします。
左図の白ヒゲは2.5cmのボールを5～6個続けて顔の反対側にひっかける簡単な方法です。
右図の白ヒゲは細かくひねり続けるので立派なヒゲになります。まず2.5cmボールを2つ作ります、次に2.5cmピンチツイストを作りこれを鼻のわきにひっかけます。つづけて鼻の下で2cmボールを2つひねり、また2.5cmピンチツイストを作りこれを鼻の反対側にひっかけます。さらに2.5cmを2つ作り、顔の反対側にひっかけましょう。

< リンちゃん飾りをちょっと派手にする >　　　102ページもみてね

160を2本ペアではなく3本でひねり合わせて作ります。束ねるリースの作り方を応用してください。

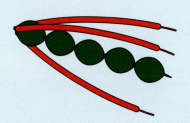 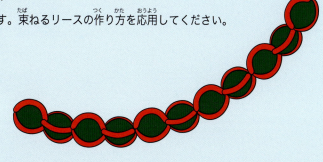

おまけ

よもだ
（３０歳）

BJ
（６０歳）

サンタ
（1500歳）　　ツリイ
（3000歳）　　ユキオ
（０歳）　　ミカ
（８歳）　　サチ
（４歳）　　おねえちゃん
（８０歳）

<いっぽんリースのつくりかた>
①みどりにちょっとだけくうきをいれてむすぶ。
②くちまきをはめる、はめる、はめる。
③さいごのくちまきで、わにする。

<つけひげのつくりかた>
①しろを 35cm ふくらませてむすぶ。
②3cm のピンチツイストを２つ、つづけて 3cm を３つ、そしてまた 3cm のピンチツイストを２つ。
③ひねったところがほどけないようにきをつけながらさらに 3.5cm を３つつくり、さいしょのピンチツイストにひっかける。
④3.5cm を１つひねり、すぐそばの 3.5cm とまとめてひねる。
⑤3.5cm を４つひねり、はんたいがわにひっかける。
⑥このさいごの 3.5cm はすぐそばの 3.5cm とまとめてひねる。
⑦はみでているぶぶんはしぼませてむすぶ。
⑧わゴムをりょうがわのピンチツイストにひっかけて、みみにかけましょう。

さくいん

あ
- おおきいラウンドのツリー ……………… 96
- おおきいかざり ……………………… 106
- おめん …………………………………… 60
  - サンタクロース ……………………… 60
  - ツリー ………………………………… 68
  - トナカイ ……………………………… 64

か
- かさねるツリー ………………………… 32
- かべかけツリー ………………………… 44
- からあげ ………………………………… 29
- きぐるみ ……………………………… 108
  - サンタクロースのきぐるみ ……… 114
  - ツリーのきぐるみ ………………… 116
  - ゆきだるまのきぐるみ …………… 112
- きれいなみつあみリース ……………… 12
- くさりあみ ……………………………… 7
- クリスマスケーキ ……………………… 76
- クリスマスツリー（→ツリー）
- クリスマスリース　（→リース）
- こどものツリー ……………………… 100

さ
- さんかくぼうし ………………………… 74
- サンタクロース
  - にんぎょうのサンタクロース ……… 85
  - てのりサイズのサンタクロース …… 51
  - おめんのサンタクロース …………… 60
  - きぐるみのサンタクロース ………… 114
- ジグザグリース ………………………… 24
- そり ……………………………………… 92

た
- たくじょうツリー ……………………… 38
- たばねリース …………………………… 16
- つくりかたはひとつじゃない ……… 120
- つけひげ ……………………………… 122
- つながるふうせん …………………… 103
- ツリー
  - おめんのツリー ……………………… 68
  - かさねるツリー ……………………… 32
  - かべかけツリー ……………………… 44
  - きぐるみツリー ……………………… 116
  - こどものツリー ……………………… 100
  - たくじょうサイズのツリー ………… 38
  - てのりサイズのツリー ……………… 57
  - ラウンドのツリー …………………… 96
- てのりサイズの
  - サンタクロース ……………………… 51
  - ツリー ………………………………… 57
  - トナカイ ……………………………… 54
- トナカイ
  - おめんのトナカイ …………………… 64
  - そりといっしょのトナカイ ………… 90
  - てのりサイズのトナカイ …………… 54

な
- ねじねじリース ………………………… 20

は
- はしごあみ ……………………………… 7
- はしのとめかた ………………………… 6
- ひねりかたのせつめい ………………… 6
- ピンチツイスト ………………………… 6
- ほそいみつあみリース ………………… 14

ま
- まんが …………………………… 19,83,94,95
- みつあみまめちしき …………………… 28
- みつあみリース ………………………… 8

や
- ゆきだるまのきぐるみ ……………… 112

ら
- ラウンドのツリー ……………………… 96
- リース
  - いっぽんのリース ………………… 122
  - きれいなみつあみリース …………… 12
  - ジグザグリース ……………………… 24
  - たばねリース ………………………… 16
  - ねじねじリース ……………………… 20
  - ほそいみつあみリース ……………… 14
  - みつあみリース ……………………… 8
- リンちゃん …………………………… 103
- リンちゃんかざり …………………… 104

わ
- わひねり ………………………………… 6

著者紹介

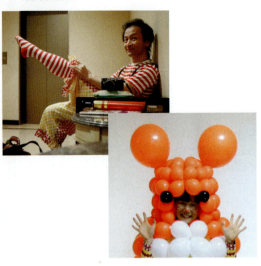

バルーンおやじホームページ
http://homepage2.nifty.com/balloon-oyaji

バルーンおやじファンサイト
http://balloon-rio.or.tv/baofan

Rioのホームページ
http://balloon-rio.or.tv

バルーンおやじ （Bao：写真左上）

1980年代の終わりごろに、ひねる風船「ツイストバルーン」と出会う。風船の質も悪く、情報もほとんどない中、風船の可能性と魅力に惹かれ、フィルムメーカーの研究員という職を辞し、「バルーンおやじ」の名でプロのバルーン・パフォーマーとしての活動を開始。バルーン・パフォーマンスの先駆者として活動をする傍ら、風船の技術の開発、改良に取り組む。1996年にはバルーン情報誌「風船芸レターズ」を発刊。2000年前後よりいち早くインターネット上で自らのレシピを公開し、直接、間接に多くのバルーン・アーティストを育てる。その後も、数々の風船関連商品のプロデュース、書籍の執筆、教室の開催等様々なシーンでこの文化の普及と発展に貢献し続けている。2010年に始まった「バルーンおやじ＆Rioのツイストバルーン教室」、本書執筆時には200回を数え、盛大に記念講座を開催。全国からファンが集まる。
座右の銘：だきょうのだはだいなしのだ

Rio （リオ：写真右下）

1990年代後半に、ツイストバルーンと出会う。子供のために始めたのがきっかけではあるが、何事もトコトンがんばる性格が高じ、ツイストバルーンの研究を深め、いつしかバルーンおやじ氏創刊の「風船芸レターズ」の編集を手伝うように。その後もバルーンおやじ氏のウェブの作成、ファンサイトの設立等、この世界の最先端と関わり続け、その技術と知識を磨く。バルーンの技術のみならず、書籍編集にも勉強と投資を惜しまず、本シリーズのデザイン、レイアウト、編集、執筆、ファイル作成等をすべて一人でおこなうまでに。内容に関しても、着ぐるみを中心に様々なアイデアを出し、バルーンおやじ氏をして「この本はRioさんの本」といわしめる。毎週木曜日開催の「バルーンおやじ＆Rioのツイストバルーン教室」も200回を数え、BaoRioコンビはますます充実の情報を発信している。
座右の銘：「やる」か「やらない」か？ 迷ったら「やる」

バルーンおやじのあとがき

クリスマスはおまつりです。がいこくのしらないおじさんをネタにもりあがる、というのは、しちふくじん、とおなじで、にほんこらいのふうしゅうです。ふうせんをつかってワイワイわくわくニコニコたのしみましょう。

Rioのあとがき

物をつくる本を読むと「ああ、もっと大きいのがあったらいいのに」とか「ミニチュアみたいに小さいのが作りたいんだけど」とか「ぴったりこれだ!!」という作品が無かったりします。この本はクリスマスのいろいろをたくさん、たーくさん紹介しています。きっとあなたの「これだ!!」が見つかります。ぜひ手にとって作ってみてください。皆さんに幸せで楽しいクリスマスが訪れますように。

協力：新井慶子　新井悠介　新井佑梨

風船いっぱいのクリスマス　風船の楽しさいっぱいシリーズ ⑦

2015年12月1日 初版第1刷発行

著者　バルーンおやじ・Rio
発行人　中嶋 潤一郎(Jun)
発行・販売　株式会社 ナランハ（ナランハ バルーン カンパニー）
〒173-0004 東京都板橋区板橋1-53-10-1E

ナランハ バルーン カンパニー
電話：0120-913-477 / FAX：03-3962-3404
メール：info@naranja.co.jp
http://www.naranja.co.jp/balloon

内容や商品、その他バルーンに関するお問合せは、ナランハ・バルーン・カンパニーまでお気軽にどうぞ。

●本書の内容、写真、イラストを無断で転記、記載することを禁じます。乱丁、落丁はお手数ですが弊社までご連絡ください。
©2015 Balloon-Oyaji,Rio, All Rights Reserved. Printed and Bound in JAPAN.
ISBN978-4-931571-23-5